MOTIVATION
CONTROL

やる気！攻略本

自分と周りの「物語」を知り、モチベーションとうまくつきあう

TOSHIHIRO KANAI
金井壽宏

まえがき

本書は……

（1）**ゲーム感覚**で、予備知識なしでもスイスイと読むことができます。

（2）読みおえたら、**やる気を体調のように自己調整できる**ようになります。

（3）読みおえたら、**周りのやる気に影響を与える**ことも、夢ではありません。

モチベーション、キャリアのデザイン、リーダーシップ……**仕事の核心にかかわる多くのプロセスは、この「1枚の絵」（やる気！ ピクチャー）のなかに描かれています**（図1）。

ですから、はじめに、いきなり結論を言ってしまうかのようですが、この「1枚の絵」を理解することが、この本の全体の目標とも言えるかもしれません。

本書の目標＝「1枚の絵」（やる気！ ピクチャー）を自分のものにする

この「1枚の絵」を理解して、使用しつくすことができたのならば、「やる気がないんだよなぁ」という問題については、もう、かなり攻略できたようなものです。「やる気はあるんだけど、どうも、最近、カラまわりしているみたいなんだよなぁ」というときも、「いやぁ、なんだか、まるで、やる気が出てこないんだよなぁ」というときも、あなたは、きっと、自分の「やる気！」と、うまくつきあっていけるようになっていることでしょう。

本書は、まず図1の絵を通して、「やる気」のメカニズムを解明しようとしています。自分の行動原理を理解するための方法論を提供していきますので、現在の仕事で「やる気」を呼びさましたいかたのみならず、就職活動、転職活動、昇進《しょうしん》試験、資格試験などのさまざまな転機をひかえたかたにとっての「自己分析」や「能率向上」のためのチカラになることでしょう。

新規プロジェクトのたちあげの時期や、昇進したから気をひきしめなければなぁというような節目に読むことも、オススメできるものになっています。

本書は、「やる気」がないときに自分を刺激する、もしくは、「やる気」を自分で調整するためのコツを身につけることを、内側から「体調や精神を安定させるようなも

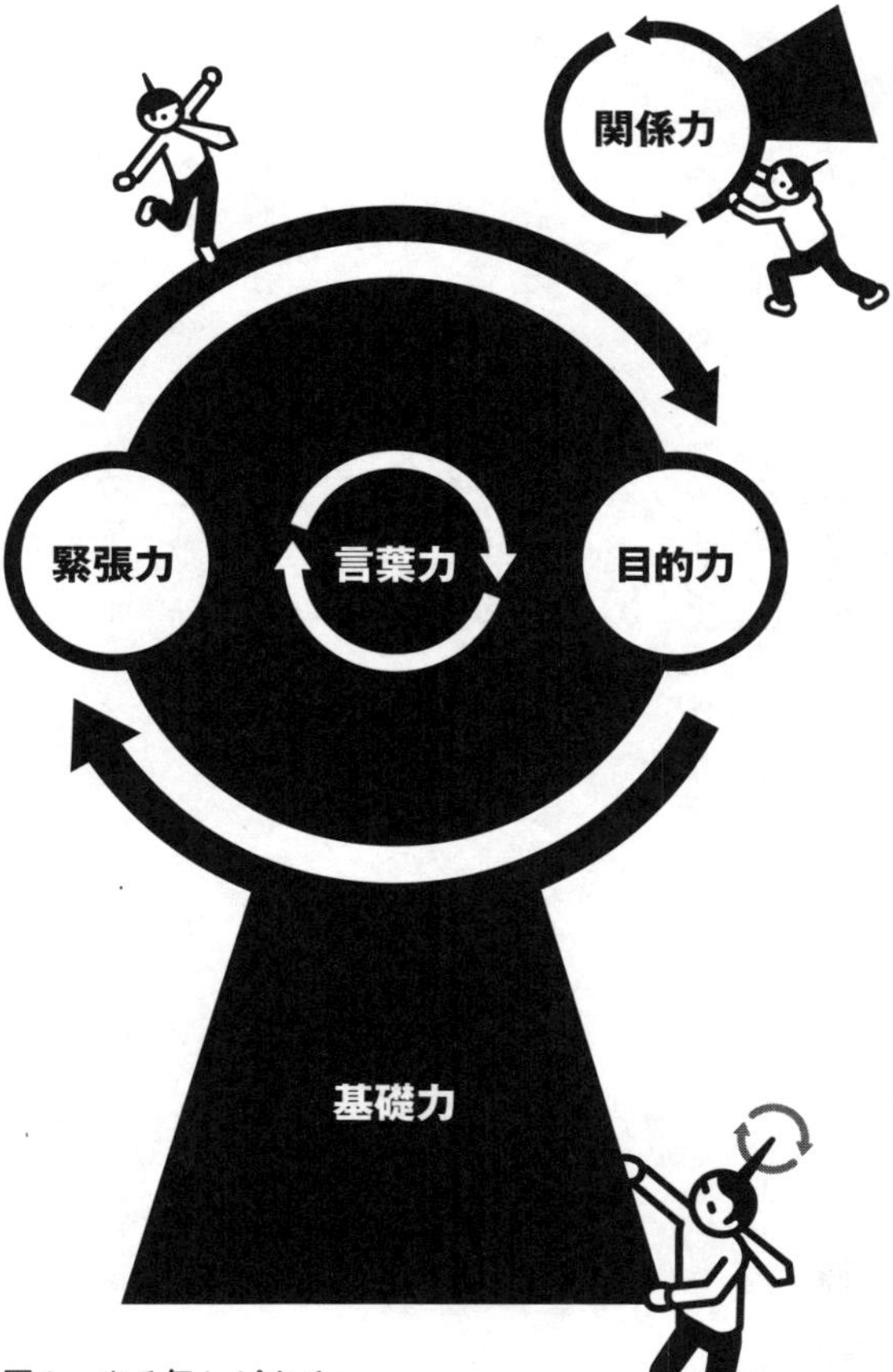

図1　やる気！ピクチャー

自分のやる気のサイクルを回す

の」ととらえています。

よく、ビジネスは戦場だ、と言われていますし、せちがらい経済状況がつづいている時代です。

だから、「こんな時代、資格や技能でも手にいれなければ、サバイバルできないよなぁ」と考えて、資格試験や転職活動にあけくれてみたり、「自分の環境」「仕事の種類」という外側の状況を好転させようと、もがいている人も、ずいぶん、たくさんいることでしょう。

ですが、そのような表現で「やる気」というものをあつかうことは、なんだか、ちがうのかもしれない、と、本書にかかわったスタッフたちは議論をおこないました。「やる気」をあげるということを、日常生活の体調を整えるようなもの、としてあつかっていければいいなぁ、と考えたのです。

実際に、本書で「やる気」をあげるためにとられるアプローチというのも、日常生活のなかのどの行動にたとえるといいのかなぁというと、掃除《そうじ》や整理《せいり》整頓《せいとん》のようなものです。自分の実際に持っているものを、確認したり、整頓したり、準備したり……そのような、ふだん、軽視しがちな家事をおこなうかのように、自分の体調を整えたとしたら、きっと、仕事にいい効果をもたらすであろうことは、これまでの経営学の研究の蓄積から、推測できることなのです。

つまり、本書があなたにもたらすものは、「体調管理」や「基礎練習」のような地味なものではあるのですが、地味なだけに、だれでもすぐにおこなえて、つづければつづけるほど、効果が出てくるというものになっているのです。そのようなかたちで、これまでのビジネス書とはすこしちがう角度で、仕事や勉強や研究の世界に、やる気という点から心理的な「体調管理法」を提供してみたい……というのが、本書の基本姿勢になっています。

本書があつかうのは、たとえば、次のような質問に代表されています。

「あなたは、最近、目が死んでいませんか？」

資格を取得しても、転職に成功しても、給料が倍増しても、どうにもこうにも、元気がないままなのではないかなぁ、このままでは、数年後に、つぶれてしまうのはまちがいないんじゃないかなぁ、というような人を、最近、あちこちで、見かけるようになりました。

もちろん、今のように、仕事で、かなりひりひりしたところにまで追いこまれるような状況や事件が勃発《ぼっぱつ》しているなかでは、それも、無理もないところがあるのでしょう。

むしろ、現実逃避《とうひ》もしないのに、元気でいられるということだけでも貴重なことでしょう。モヤモヤもあり、イライラもあり、ほとんど一触即発《いっしょくそくはつ》だからこそ、さらに、人と人のあいだのやりとりが、味気《あじけ》ないものになりつつあるわけです。せちがらい社会で仕事をしているからこそ、人間どうしのコミュニケーションが、さらになくなってしまって、孤独な人間が、どんどん、生みだされてゆく……そういうことは、ほとんど、ラッシュの通勤電車に、一回でも乗りこんでみたら、中学生でもじわじわと感じることができるのではないでしょうか。

つまり、カンタンに言えば、「みんなが疲れてしまっている社会」に、ぼくたちは生活しているわけです。疲れてはいても仕事では、真剣に大量の情報を処理しなければなりません。そんな日々のなか、ようやくとれた休息の時間には、「おもしろ半分で、パラパラ、読んでいける」というものでないならば、いまや、ほとんど、読書も本気でとりくむだけの心のスキマがない……というのが、現場のビジネスパーソンの本音なのではないでしょうか。

だから、本書は、「ほとんど、遊び半分」で、「ゲーム感覚」で、「やる気」という、かたちを持たないものにとりくんで、「あなたの感情を調整して、あなたのやる気を内側からあたためる漢方薬のようなもの」を、提供できたらいいなぁ、という思いで書きました。

手にしていただきたいものを、本書では、わかりやすく、「やる気！」と記しておきました。目的力、緊張力、関係力、基礎力、言葉力という五つの「やる気！」を手にいれてもらいます。

最後まで、ゲームのように読んでたのしめるように、数ページごとに、〈あなたは、ここで、このような「視点」を手にいれました〉などというような「小さなまとめ」も、記しておきました。

やる気！攻略本 もくじ

MOTIVATION CONTROL 2

周りの「やる気!」 87

MOTIVATION CONTROL 3

「やる気!」語録 211

プロローグ

「やる気！」のメカニズムを知る

シンプルに「やる気」をコントロールするためには？

こんにちは。

金井壽宏《としひろ》ともうします。

ぼくは、神戸大学大学院の経営学研究科の教授です。

約三十年間、

「経営」

「組織」

を、研究しつづけてきました。

ですから、この本を手にとってくださったかたのなかには、もしかしたら、

「じゃあ、社会にもまれた経験もない人の本なのか」

なんて、受けとめてしまうかたも、いらっしゃるのかもしれません。

「組織の末端《まったん》で、虫ケラのようにあつかわれた経験もない『エラい学者先生』が、『やる気』について、専門家として、エラそうに演説をしていくんじゃないの？

そんな『机上《きじょう》の空論《くうろん》』に、はたして、どれほど、信頼がおけるものなのだろうかなぁ……オレたちは、もっと、覇気《はき》を奪いとられるような、しんどい、いたたまれない社会の現場にいるのになぁ」

などと、疑問に思われたかもしれませんけれど、そこのところの、

「実効性があるのかどうか？」


ということこそが、今回、本書が、正面からテーマにすえているものです。

「やる気」

は、人間の切実な感情そのものからわきあがるもの、ですよね。

「やる気」については、

「情熱」

「熱気」

「『うわぁ……コレは、おもしろいなぁ！』と没入する気持ち」

と、いいかえてもいいのかもしれませんが、そのような、

「気持ち」

という、かたちを持たないものについて、

「自分で、可能な範囲でコントロールできるようにしていきましょう」

というのが、本書が提案すること、なのです。

偶然、本書を手にとったことをきっかけに、ひとりでもたくさん、「やる気」を持つことができる人があらわれることが、本書が「実現したらいいなぁ」と考えていることなのです。

つまり、毎日の時間がないなかで、

「なるべくなら、すぐに、仕事や生活で活用できるものが欲しいんだよなぁ」

と思うであろうかたがたに、実践的なものなので安心してください、ということを、まずはじめに、伝えておきたいなぁ、と思ったのでした。

「無気力で、むなしくて、なんか、たまらないまま、時間がすぎてしまうときがある」

というかたも、いらっしゃるのではないでしょうか。

そういうかたにも、「やる気」をひきだすための方法を、なるべく実践的に紹介していきますから、まずは、立ち読みでもいいから、数ページ、おつきあいくださいね。

人間の感情というものは、千差万別《せんさばんべつ》です。

無気力を、無関心を、すぐに回復するような魔法のクスリは、この世界には、なかなかありません。

しかし、それに近い「常備薬《じょうびやく》」のようなものを、事前に自分のクセにあわせて用意しておくことなら、できるのです。「やる気」のメカニズムを知っておく、ということが、ここでは大切になってくるのです。

それが、本書のアプローチです。経営学と心理学を「したじき」に話を進めます。

ただし、この「やる気」を高める方法ひとつにしても、もしも、

「専門家が民間人に一方的に指南《しなん》をおこなう」

というようなスタイルのみに留《とど》まってしまったら、

「実際の現場で事情を抱える、さまざまなかたの『やる気』を高めたり鍛《きた》えたりできる範囲」

には、おのずから、限界が生じてくることでしょう。

「やる気」は、なにぶん、人間の切実な感情からわきあがるものなのですから、

「それぞれの人のおかれた状況や立場や環境や、それから各自の性格や仕事の性質などにあわせて、調整する方法も、当然、変化してくるもの」

なのではないでしょうか。

想像してみてください。

好調のときと不調のときと、もしも、「やる気」の刺激の方法がまるでおなじなのだとしたら、そちらのほうが、よっぽどヘンで不自然なことだと思いませんか？

「やる気」は、目に見える「かたち」を持つものではありません。

しかし、「やる気」ほど人間の元気をひきだして、仕事や人生を変化させる起点になっているものも、なかなかありません。これがなければ、なんにも、はじまらないのかもしれませんから。

同時に、「やる気」は、とても失われやすいものでしょう？　そして、「やる気」がないということは、

「ときには、人生そのものを破壊しかねないほどのところにまで、人間を追いこんでしまう」

ということだって、あるわけです。無気力というのは、それほど、コワいものなのです。

「もう、サボっちゃえばいいのかなぁ」とサボタージュしたり、「ズルしてもいいかなぁ」といいかげんにやったり、ということから、おそらく、最近、話題の、さまざまな「偽装《ぎそう》事件」なんていうのも起きているわけで、仕事の現場の「士気」や「覇気」

は、ふだんも、試練のときにも、すごく、仕事への取り組みそのものを左右するのではないでしょうか。

使いかたによって、あぶなっかしいものにも、すばらしいものにもなる、かたちがないけれど大切なもの……ぼくは、そういう不思議で魅力的な「やる気」というものに惹《ひ》かれて、約三十年間、経営学の世界に夢中になって、研究をつづけてきました。

経営学の研究というのは、そもそも、社会に活力をあたえるためのものです。そうでなければ、純粋な自然科学とちがう「人間の仕事」についての学問が、成立するはずがありませんからね。

だから、ということもあって、ぼくは、この本では、これまで書いたどの本よりも、シンプルに、簡単に、予備知識の要らないようなかたちで、

「やる気」

の足しになるような実践的なことを伝えられたら、うれしいなぁ、と考えています。

▼あなたは、ここで、このような「視点」を手にいれました

「人間の感情は千差万別だから、無気力や無関心をすぐに回復できる魔法のクスリはないけれど、自分のクセにあわせた『やる気の常備薬』を作成することならできるのです」

ペンとノートで、「やる気」をつかんでみませんか？

かつて、ぼくは、『働くみんなのモティベーション論』（ＮＴＴ出版）という、「やる気」についての本をまとめました。

たくさんのかたがたに読んでいただいたのですが、学問や理論の部分もずいぶんくわしく解説してあるものだから、たまに、

「先生……アレ、むずかしかったわ！」

という感想も、じつはいただいていました。

ぼくとしては、もちろん、経営の研究の地図がわかるほうがいいと思って、理論や

学者の紹介もていねいにしたつもりなのですけれど、

「なるほど、実際に、いちばん、『やる気』を求めている現場の社会人のかたがたや、これから社会でがんばろうという学生のかたがたに、

『このままでは、まだまだ、むずかしいなぁ』

『どうやって、実際に、やる気を高めていったらいいのだろうか』

と思われたのなら、これは、ひとつ、わかりやすく伝わるようにしたものも出しておかなければいけないんじゃないのか……」

ということで、本書では、ほんとうに、カンタンに、シンプルに、具体的に、ほとんど、喫茶店で雑談するようなノリでかまわないから、

「やる気を、自分でコントロールするということ」

という、ひとつだけの問題意識にしぼって、

「実効性のある、研究成果を反映させた読みもの」

にして、伝わるものにしてみたいと思いました。

本書は、かつて、『働くみんなのモティベーション論』で語ったような、

「やる気」

の学問成果の核心を、ものすごくカンタンな言葉でカバーしてあるものなのです。

本書は、ものすごくカンタンなのですが、現場、とりわけ、キビしい最前線で、社会の現実にさらされているなかで、

「仕事や勉強をしたい」

という切実な思いをかかえている人のための本なのです。

あなたの将来や現在の「やる気」をひきだしたり調整したりするために、あなた自身の「熱意」や、おおげさにいえば「仕事」や「人生」をながめるための道具になるような方法論を、これから、提供してゆきましょう！

近くに、ペンとノートは、ありますか？（鉛筆と紙でも、かまいません）

そういう書く道具があったら、さしあたって、あなたが自分の「やる気」をつかみとるための準備は、もう、できあがっています。

本書は、あなたに手を動かしてもらうことで、あなた自身の「やる気」を探っていくという形式をとるものなのですから。

▼あなたは、ここで、このような「視点」を手にいれました

『やる気』を整理するのに、むずかしい専門知識は要りません。自分自身の

仕事と感情の関係を把握することは、自分の文章を書いて、書きなおすことで、できるのです」

「自分のやる気」と「周りのやる気」を高めるために

ぼくは、熱意のある、燃えている人を見かけると、ぜひ、自分もそうありたいなぁ、と思います。

まるで覇気を失った、気力のない人を見かけると、うわ、ぼくもそうなるかもなぁ、気をつけなくちゃ、と思います。

どちらにしても、元気があるのか、元気がないのか、は、ぼくには、おおきなおおきな問題なのです。

ぼくは、元気があるときは、元気でいつづけたい、好調を維持したいと思います。「さえないなぁ」というときには、なんとか、「やる気」をかきたてられたらいいなぁ、と思います。

でも、根性こめてがんばり抜いて陽《ひ》の目を見たあとは、すこしはテンションを意識的に下げて、リラックスしたいとも思います。がんばったあとは、気を抜く権利と義務もあります。

あなたも、そうではないでしょうか？

本書は、そういう、現場で奮闘《ふんとう》している最中の人たちのためのものなのです。

「やる気」を考えるということは、個人の仕事や勉強を考えなおすということです。個人の仕事や勉強を考えなおすということは、毎日の生活や、おおげさにいえば、「人生観」のようなものを考えなおすということです。

「すぐにでも、やる気がほしい」

というかたにも、

「やる気を出してもらいたいチームメイトを抱えている」

というかたにも、

「やる気をコントロールする具体的な方法を知りたくて」

というかたにも、

「無気力で困っている……人生観を考えなおしてみたい」

というかたにも、参考になるようなものを提供できたのならば、本書の役割としては、それにまさるものはありません。

話をきいたみなさんから、

「今日は、なんかトクしたなぁ！」

と思ってもらえるように、ベストを尽くしてみます。

ちょっとした講演を、偶然、ききにきたような気分で、気楽に、読みはじめてみてくださいね。

本書は、学術書とはちがいますから、あえて、非常にシンプルなつくりにしてみました。

1章では、「自分の『やる気！』」について。

2章では、「周りの『やる気！』」について。

これだけです。

単純です。

明らかに、シンプルな構成になっています。

ぼくの学問研究のエッセンスも詰まっていますから、二時間ぐらいの講演をききにきたようなつもりで、読みはじめてください。

本書では、学術書にはなかなかハメこめない、「わたくし、金井壽宏自身の『やる気』についての個人的体験」についても、あとのほうで、もりこんであります。

「現在」や「未来」をひらくために、自分自身の「過去」を分析してみるという方法論を紹介する以上、この本では、みなさんに、

「こうしてみたら?」

というだけではなくて、ぼく自身の「過去」の話にも、ふれておこうと思ったのでした。これは、エピローグにのせてあります。

「集中して仕事や勉強の成果をあげたい」というかたは1章から、

「チームの仕事や研究の効率をあげたい」というかたは2章から、読んでみてくださいね。

そして、本書には、オマケがあります。3章に、「『やる気!』語録」を収録しておきましたから、

「移動や会議の合間に刺激をもらいたい」というかたは3章から、というように、

「好きなときに、好きなように、チョコチョコつまみ食いをする」

というだけでも、充分に、「やる気」が出てきたり、「やる気」について考えるきっかけになったりすると思います。

▼**あなたは、ここで、このような「視点」を手にいれました**

「現在や未来を開拓するためには、自分の過去を分析してみる必要があります」

「やる気」には「サイクル」があるものだ

このあたりで、ぼくが、これまでの研究で調査をして直面してきた、典型的な「やる気」の循環を、具体的にあげてみます。

（十）

←**（一）大きな目的を抱いたことで現状と目的のズレを感じる（ズレ）**

←**（二）現状と希望のズレを感知して、緊張が発生してしまう（緊張）**

←**（三）緊張が発生したことに対して「不快である」と感じる（不快）**

（四）不快が発生したことに対して「低減《ていげん》したい」と感じる（低減）
↓
（五）不快の低減のために動いているうちに実現可能な目的（や希望）を見いだす（発見）
↓
（六）見いだした目的に対して、それを達成したいと感じる（目的）
↓
（七）見いだして達成したいと感じた目的が、かなえられる（達成）
↓
（八）目的がかなえられ、満足したり、リラックスしたりする（成就《じょうじゅ》）
↓
（九）満足やリラックスしたら、活動が止まり、ゆるむことがある（停止）
↓
（十）活動が止まったら、より大きな目的を抱くようになる（成長）
↓
（一）

「一」から「十」まで、このサイクルのなかにいるということで、あなたも「やる気」について、
「なんとなく、どこか、自分の姿勢が、整理されたかもしれない」

と思えることはないでしょうか。

「緊張」を感じて、緊張を「低減」しようとして動きはじめること。

「目的」を抱いて、目的を「成就」しようとして動きはじめること。

このふたつは「表裏一体《ひょうりいったい》」といってもいいかもしれません。

あなたは、あえていえば、今、この過程のどこにいるでしょうか。

「一」から「五」までが、おおざっぱにいえば、「緊張」の過程です。

「六」から「十」までが、おおざっぱにいえば、「目的」の過程です。

「やる気」というのは、たいてい、

「緊張」（自然と生まれることもあるが、通常は外側からもたらされるもの）

「目的」（外側からだれかに言われることもあるが、納得のためには内側からわき出るもの）

このふたつのあいだを、揺れ動いているものです。

ちなみに、ここでいう「緊張」は、テストがあるからやらなければいけない、といった焦《あせ》りや不協和、ズレなども含みます。「目的」は、プロ野球選手になりたいから練習をがんばる、などの夢や憧《あこが》れ、達成感なども含みます。

「自分は、緊張と目的のあいだのどの地点にいるのか」

もしかしたら、その位置がわかるだけでも、まちがえた対処方法をとらなくてすむのかもしれません。

「緊張が、人を動かすものである」

というのは、なるほど、と思えるものではありますけれど、緊張をなくしたいというため「だけ」に、人は、暮らしているというわけではありません。

希望を抱いているからこそ、途中であきらめないで、つづけることができるわけですからね。

「目的が、人を動かすものである」

というのも、なるほど、と思えるものではありますけれど、これも、「目的」や「希望」というそれ「だけ」のためでは、なかなか、やっていけるものではありません。

あなたは、どちらかといえば、「緊張」と「目的」のどちらの過程にいるときのほうが、「やる気」が出てくるほうですか?

自分の過去のエピソードをひっくりかえして、まずは、自分の傾向を、はじめは、なんとなくでもいいですから、とらえなおしてみてください。

緊張しているから、動き出す。

目的を意識するので、歩み出す。

緊張に、極端に弱い。

目的は、サボりがち。

緊張と目的のどちらにも強い、どちらにも弱い、なんていう人もいるのかもしれません。

ただ、大事なのは、どのような傾向を持っているのかを、自分で把握して、自分で納得するということです。そして、自分の物語を知るということです。


「どのようなときに、自分は、がんばることができるのか？」

「どのようなときに、自分は、落ちこんでしまうのだろう？」


はじまりは、この、たったふたつの質問でかまいません。

「このふたつを、あわせて四〇〇字の文章で、記してみてください。

自分の本音《ほんね》を、文章でまとめてみてください。偽善《ぎぜん》とか利己とか気にしないで、素直に、書いてみてください。出てこないならば、ひねりだすということでもかまいません。だんだん、自分らしい表現になってきますから」

というところから、「やる気」を、考えてみてください。

そのうちに、

「自分の強みは、なんだろうか?」

「やりたいことはなんだろうか?」

「なにをしている自分に、意義を感じて、社会の役に立っていると実感できるのだろうか?」

だんだん、あなたは、このような質問も、自分に対して、していくことになるでしょう。

じつは、太字にしたこの単純な五つの質問は、経営学の歴史上、非常に重要な問いかけなのです。

これらを、くりかえし、自分に問いつづけて、

「緊張」

「目的」

のなかに位置づけながら、文章の記録をつづけていけば、そうとうに、

「自己調整」

「自己理解」

の核心にまで、近づくことができるものなのです。

「職人には仕事しかない。苦しさもツラさも関係なく、仕事をするしかない。イヤなこともミジメなこともたくさんあるけれど、もう、自分を捨てて、バカになって、やるしかないじゃないか。涙が出るほどの仕事をしたほうがいい。一生懸命にやったら、すこしホメられても涙が出てくるものでしょう？もちろん、それでも、なかなか、うまくいかないものです。だから、必死に、あきらめないで、何年も何年も仕事をつづけていく……それで、ようやく、花が咲きはじめるんじゃないのかなぁ」

やりつづけるうちに、あなたも、だんだん、たとえば、こんなふうに自分の言葉で、自分の仕事と自分の「やる気」の原因の傾向を、自分にも、他人にも、説明できるようになるはずです。

それが、「自分のやる気」や「周りのやる気」を、きりひらいてゆくのです。

▼あなたは、ここで、このような「視点」を手にいれました

「自分の仕事の緊張と目的が、どこにあるのか……それを文章で書いているうちに、自己調整、自己理解、自分の仕事を見なおすこと、ができるようになります」

マサチューセッツ工科大学の方法論を、伝えてゆきましょう

ぼくは、マサチューセッツ工科大学（ＭＩＴ）にて、経営学の博士課程で刺激を受けたのですが、そのことは、大きな原体験になっています。

そのときに吸収した姿勢を、今も、大切にしつづけているのです。

周囲を見まわしたら、ビジネスの学問の最先端の人ばかりがいる。

研究ではあるものの、ＭＩＴの経営学というのは、伝統的に、臨床的で、実践指向が強くて、問題を共同プロジェクトで解決しようという精神がありました。特に、組

織論の分野ではそうでした。

「いい理論ほど、実践的なものはない」

というセリフがかわされるほど、実践のための理論のパワーを信じて、研究成果を産業界に応用しつづけているのが、MITの校風でもあるのです。

ぼくは、卒業生のひとりとして、人生で大きな「よい」ショックを受けたMITで学んだ、モチベーションというものをあつかう姿勢を、日本の現役のビジネスパーソンのみなさんにも「これは、実践にも生きるやりかたなのです」と、伝えたいと思って、この「やる気」の本を書いているところがあります。

MITの経営学の第二次世界大戦後をいろどり、非常に重要な研究と考察を提出してきた人物に、

「ダグラス・マクレガー」

というかたがいました。

彼は、経営学のなかに心理学を応用するという、現在の主流の方法論を、はじめて確立したかたです。

ぼくの、MITの師匠の師匠にあたりますが、じつは、本書のアプローチは、マクレガーさんの姿勢を受けつぐものでもあります。

マクレガーさんは、ほんとうに、子どもが素朴に問いかけるように、
「あなたは、人は、どのようなときにがんばると思いますか？」
「あなたは、どのようにして部下をモチベートしていますか？」
と、管理にたずさわる、さまざまな立場のビジネスパーソンたちに、一九五〇年代に、あれこれ、たずねてまわりました。

そのことで、マクレガーさんがたどりついた、非常に重要な結論は、

「管理にたずさわる人は、意識している度合こそちがえど、『やる気』がどのように高低するかについての、自分の方針を持っているものである」

「管理にたずさわる人が、どのような『自分の方針』を持つかによって、職場の構成員たちのはたらきかたや、職場のありかたが、変化していくものである」

という、このふたつのことなのです。

これは、「管理職」ではなくてもあてはめることができる、非常に重要な考察で、だからこそ、ぼくは本書で、

『やる気』についての自分の方針を把握すること」を、方法論として、提案しているのです。

そして、マクレガーさんのふたつめの結論の「自分の方針が、現実の世界に影響をあたえること」は、これは、意識をするのかしないのかで、非常におおきなちがいがあるのだと考えています。

つまり、

「みんなは、どうせ、サボりたいに決まっている」

と思っているのか、

「みんなは、きっと、いいものを作るために全力を尽くしたいに決まっている」

と思っているのか、は、それ自体で、職場の環境に影響を与えてしまう。なぜなら、周囲の人に対して、

「こいつは、サボろうとしているに決まっている」

と接しているか、

「こいつは、やる気にあふれているにちがいない」

と接しているか、で、現実が変化してしまうからというのです。

人間は、ある程度、自分で予測したように世界を作りあげてしまう、というのは、

現在でも、充分に通用する、非常におもしろい研究成果だと思います。

一九六〇年の研究成果を、ふんだんに、現代によみがえらせるというような気持ちで、この「やる気」の本を、スタートさせていただきたいと思います。

それでは、さっそく、本文を自由におたのしみください。

▼あなたは、ここで、このような「視点」を手にいれました

「人間は、ある程度、自分で予測したように世界を作りあげてしまうから、自分の方針を変化させたら、自分の仕事の『やる気』も変化するのです」

MOTIVATION CONTROL

1

自分の「やる気！」

1「自分の方針」を把握しよう！

人間だけが、未来を考えることができる？

「やる気」を出したい、高めたい、コントロールしたい。
そのように強く感じているかたがたというのは、おそらく、たいてい、
「なにか目指している」（でも、まだ、到達していない）
「やるべきことがある」（でも、まだ、達成していない）
という状況にいるのではないですか？
そして、
「もっと、『やる気』が出てきてくれたらなぁ……」
と、なるわけでしょう？
おそらく、そのようなかたがたは、
「希望」（達成したら、すごくいいことがある）

「不安」（でも、できなかったら、どうしよう）

この両方を、同時に、抱えこんでいることでしょう。

「やる気」を、失っちゃっているんだよなぁ、というかたなら、

「まさに、いま、その『不安』の、ただなかにいて、ツライんだけど」

という場合も多いのかもしれませんね。

ただ、まず、ここで伝えておきたいことは、

「不安というものは、それがあるからこそ、希望や活力が生まれるものなのだから、不安を、やる気に転じていくのが、いいのではないか。不安は悪いものとはかぎらないのではないか」

ということなのです。

「しあわせは、偶然にしか出会うことができない」

なんていうことを、日常生活でいいはじめたら、

「キサマ、どこの宗教家だ！」

と、思われるのかもしれませんけれど、これは、ハーバード大学のダニエル・ギルバートさんという心理学者がいいだしたこと、なのです。

「つまずいたところにあるものが、『しあわせ』だった」

ギルバートさんは、そういう研究成果を出しています。

ちなみに、心理学者というものは、昔から、だいたい、

「人間だけが、これこれのことをする生きものである」

と、ついつい、断定したがるものなんですけれども、ギルバートさんが、『幸せはいつもちょっと先にある――期待と妄想の心理学』（早川書房）において、やはり、とうとう、

「人間だけが……」

の宣言をしてしまったことはなにかというと、

「人間だけが、『未来』を考えることができる生きものである」

ということなのです。

ただ、これ、よくよくながめてみたら、けっこう、個人の「やる気」の本質にも、つながるセリフなのです。

もっとも、

「人間だけが、『未来』を考えることができる生きものである」

といったら、すぐに、

「いやぁ、ウチの犬も、フリスビーを投げたら、ちゃんと、とってくるから、エライ

よねぇ、カワイイよねぇ。だから、犬だって、未来を、考えられるんじゃないの？」というような「不思議《ふしぎ》ちゃん」っぽい反論も出てくるかもしれません。けれど、ギルバートさんは、そのへんの、

「生理学的反応《ネクシング》」

と、未来を考えることとを、わけています。

もちろん、ほんとうに、人間以外は「将来」について思いなやまないのかどうかについては、おそらく、確実な証明はされていないのでしょうが、ただ、ここで大切なのは、ギルバートさんが、次項で述べるあるひとつの古典的な科学の実験を、いかに受けとめているのか、ということです。

▼**あなたは、ここで、このような「視点」を手にいれました**

「人間だけが、『未来』を考えることができるものであるという視点は、『不安があるから希望も生まれる』という結論を導くための、大切な前提になるものです」

「希望」があるから、「不安」が生まれる

人間の脳のうち、進化の過程でいちばん成長したのは、大脳皮質《だいのうひしつ》の「前頭葉《ぜんとうよう》」という部位なんですけれど、その「前頭葉」（人間以外の動物では、ほとんど発達していない部位です）は、かつての科学の世界のなかで、

「でも、前頭葉の役割って、ほんとは、ないんじゃないの？」

といわれていたのです。

「前頭葉を、ほぼ、貫通《かんつう》しちゃうような事故に遭遇《そうぐう》したのに、そのまま、歩いて、病院にいくことができた」

という人も、かつてはいたから、そういうふうにいわれていました。

いまは禁止されていますが、かつては、「ロボトミー手術」といって、

「前頭葉のある部分をとっちゃったら、凶暴なヤツもおちつくから、かえって、それでいいんだ」

なんていう、わりかし、ムチャクチャなことも、されていたんです。

ただ、そういう未知だった前頭葉は、

「人間性」

というものに、ずいぶん関係のある部位だということが、だんだん、研究がすすむにつれて、わかってきたわけです。

前頭葉のある部位に損傷が起きると、いっさいの不安がなくなるかわりに、いっさいの、「のちのちのこと」について、考えることができなくなるという症例があるのです。

つまり、そういう有名な現象から、

「不安がなくなる」

「将来を考えない」

このふたつは、密接にむすびついているんだよ、と、ギルバートさんは指摘しています。

さて、ここからが「やる気」に関係のあることなのです。

人が言動を起こす動機としては、

「希望」

「不安」

このふたつが、それぞれ、プラスの要因とマイナスの要因としてよく分類されていますけれど、ギルバートさんは、そのプラスとマイナスは、おたがいに深いかかわりがあるのではないか、と考えたのですね。

ですから、

「ほんとに、不安で不安で、しかたないわ」

というかたが、前頭葉のある部位をきりとったとしたら、不安がなくなってくれるかわりに、

「のちのちのことを、考えられなくもなる」

というわけです。これは、わりと深いことなんです。

「不安があるから、希望があるんだ」

というような、かつて流行した「実存主義《じつぞんしゅぎ》」というくりかたにちかいハナシにもなるからです。

「人間だけが、将来に投企《とうき》するものなのである」

と、かつて、哲学者のサルトルなんかは、いつも、言っていました。

「自分の存在を、未来にむかって投げこむということをするからこそ、人間は、不安にもなるのである」

というようなことなんですけれど……つまり、サルトルや、サルトルが影響を受け

たハイデガーという哲学者は、

「存在」

というものについて問いつづけた結果、

「不安」

の考察に、のめりこんでいったのです。憂《うれ》うのが人間だと考え、

「憂慮《ゆうりよ》（ゾルゲ）」

に注目しました。

ここに、科学の実験と、哲学の考察との、奇妙な一致があります。

つまり、こういう文脈があるなかで、ギルバートさんという心理学者は、

「将来を不安に思うのは、もしかしたら、人間だけ？」

と、仮説を立ててみたわけです。

「将来のことなんて考えるから、不安にもなるんだけど、不安になるからこそ、同時に、将来に希望を持つのではないか」

みたいなことを、ギルバートさんのまとめた研究を読んでいると、あれこれ、考えさせられるのです。

「不安」

「希望」

このふたつは、表裏一体のものである……という仮説を立ててみると、これは、「やる気」をコントロールすることにも、おおきくつながるわけです。あなたの「不安」は、重要な機会なのです。

「ハングリー精神から、なにかをおこなう」
「将来の目的を持って、なにかをおこなう」
このふたつの切実な行動が、もしも、どちらも同一の原因から生まれるものなのだとしたら……なんだか、ちょっと、人間の本質に触れているような気がしてこないでしょうか？

▼あなたは、ここで、このような「視点」を手にいれました

「ハングリー精神からなにかをおこなうことも、将来の目的のためになにかをおこなうことも、どちらも、不安と希望のサイクルという同一のものから生じたものだと考えることもできるのです」

「転機」には、「希望」と「不安」があふれだす

「やる気」があるとき。

「やる気」がないとき。

もちろん、だれにでも、どちらの状態もあるわけです。

ただ、そのふたつの状態は、どちらも、

「不安」

「希望」

のように、なにか表裏一体の、どちらかだけを分離することはできないプロセスのなかにあるものだとしたら、

「自分は、なぜ、やる気がないのだろう」

「やる気を出すにはどうすればいいのか」

などという傾向についても、自分で把握できるようにもなるわけです。つまり、「やる気のなさ」でさえも、「やる気が出てくる」までに必要な準備のプロセスと思えるようになるかもしれません。そのような認識は、自分のやる気をコントロールでき

るようになる「はじめの一歩」になるのです。

たとえば、

「はじめてデートをするとき」

なんて、ほんとうに、不安と希望がないまぜになっているわけでしょう?

おそらく、たいていの「たのしいこと」は、最初は、「はじめて」というだけで心配にもなるわけだけど……。

ただし、不安になるのも、

「のちのちの希望を思うからこそなんだよねぇ」

と、考えるとしたら、不安に対する自分の感情を、コントロールできるようになるのかもしれないのです。

就職活動や、転職活動をおこなうときに、

「なにひとつ、希望を持つことができない」

というかたは、ほとんどいないと思うのです。たいていは、希望も見えているものです。あたらしい世界にはいるワクワクした感じもあるはずでしょう。

定年退職するというときも、

「退職したら、これなんかやってみたいわぁ!」

と思わない人は、あんまり、いないですよね。

もちろん、そういう「転機」には、たいてい、

「うわぁ……このあと、どうなっちゃうんやろ?」

という不安が、当然、つきものではあるのですけれど、転機のときも、

「不安と希望は、どちらかがあれば、どちらかもかならずともなうもの」

とわかっていたら、必要以上に重圧に押しつぶされることもないまま、これこそ、生きている醍醐味《だいごみ》だ、と思って、自分の感情と、うまくつきあっていけるのではないでしょうか。

「危機」という二字熟語は、「危」険と「機」会のどちらもがはいりこんでいるという絶妙の組みあわせです。

つまり、

「希望」

「未来」

への気持ちにあふれている人ほど、

「絶望」

「不安」

も同時にかかえこむことになるんじゃないか、とも、いえるわけです。希望を強く持てば持つほど、不安もおおきくなるということを想像してもいいのかもしれません。

「希望」

「不安」

このふたつの往復運動のなかで翻弄《ほんろう》されているだけでは、自分の感情や、自分の「やる気」をマネジメントすることにはなりませんよね。

そこで、ぼくが、本書で、オススメするのが、

「自分の方針を文章にする」

ということなのです。

「希望」

「不安」

を、

「目的」

「緊張」

といれかえて、自分のサイクルを、ペンで、ノートにさぐりだしてみてください。

「そんな方針なんて、ない」

「オレの方針じゃ、どうせダメだろ?」

「そもそも、どう書けばいい?」

と思われるかたもおおいのかもしれませんが、しかし、じつは、「行動の方針」は、ほとんどのかたの言動の背後に、隠れているものなのです。

そして、**「行動の方針」は、文章にすることで、はじめて、気づかされたり、みがきあげられたりするもの**なのです。

▼あなたは、ここで、このような「道具」を手にいれました
「希望と不安の往復運動のなかで、自分の行動の傾向をつかんでおけば、『危険と『機』会の組みあわせである『危機』に、対処しやすくなります。自分の方針は、文章にすることで、気づかされたり、みがきあげられたりするものです」

自分の方針を、「文章」にするということ

「やる気」をあげるために、「自分の方針を文章にする」。

これが、本書でいう、「言葉力」です。かつて、「〇〇力」という言葉が、氾濫《はんらん》していたときには、ぼくは、なんでも「〇〇力」と名づけることには、反対していたのですが、今回は「やる気」という、「力」そのものをあつかう企画ですから、あえて、「〇〇力」を手にいれるかたちに、させていただきました。

ただ、この、自分の方針を追求するというのは、じつは、けっこう、すぐにやりはじめることができるものです。

「自分の過去から現在までの人生の岐路《きろ》の言動の理由を、ひとつひとつ、文章のかたちで書きあげていく」

ということをおこなえば、次第に、見えてきます。ぼくの、前の本を読んだかたなら、ここは、持論（セルフ・セオリー）と表記していたところです。

まずは、四〇〇字程度で、まとめてみてください。

「自分の強みはなんだろうか」

「自分がやりたいことはなんだろうか」

「自分の存在意義はどうなっているだろうか」

これらの質問は、シャインという経営学者が、仕事の岐路にあるビジネスマンに問うたことなのですけれど、このあたりにふれた内容になるといいなぁと思うのです。

ぼくが、研究調査で、実業家や管理職のかたがたの「やる気」をさぐるためには、ひとりひとり、かなりしつこくインタビューをおこなって、本人の核心をつかもうとするのですけれども、本章は、

「やる気を調整するための通信添削《つうしんてんさく》」

のようなものなので、あなたの場合は、自分で自分の文章を読みなおして、自分で自分にインタビューをしてみて、

「もしかして、これが、自分の『やる気』の原因になったものなのかもしれないぞ」と思える「方針」のようなものを、何回も、何回も、四〇〇字で、まとめなおしてみてください。

ここで、書いたものを捨てないでとっておくということが重要なのです。一ヵ月、半年、一年……とつづけるうちに、「あなたの歴史そのもの」になってくれるものなのですから。本書では、この四〇〇字原稿のことを、**「やる気！ シート」**（図2）と

名づけました。このシートに書けば書くほど、自分のやる気の出所がわかってくるのです。

はじめは、慣れないかもしれませんが、そのうち、四〇〇字では足りなくなるでしょうから、それなら、八〇〇字や一〇〇〇字程度に増やしてみてください。

字数を決めて、そこに向けて、何回か推敲《すいこう》することが大切です。これが、自分をある一定のワクで内省《ないせい》する機会になりますから。

一日、十分ぐらいしか、時間をかけられないという人もいるでしょう。だから、一日で終わらなかったら、終わったところまでノートにとっておいて、また、一日後や二日後に書きなおして、以前に自分の書いたものと、くらべてみてください。

基本的には、書く内容は、

「最近、気になっていること」

「成功したなぁ、と思うこと」

「失敗したなぁ、と思うこと」

「好きなこと、キライなこと」

あたりが、キモになるものですが、書きなおしていたら、

図2　やる気！ シート

・どのようなときに、自分はがんばることができるのか？
・どのようなときに、自分は落ちこんでしまうのだろうか？

・自分の強みは、なんだろうか？
・やりたいことは、なんだろうか？

・なにをしている自分に、意義を感じて、社会の役に立っていると実感できるのだろうか？

やる気！ のひとこと

「なぜか、何回も書いてしまうテーマ」

に、問題（ポイント）がひそんでいることが多いのです。

ここで、

「なんで、こういう話ばかり、たくさん書くわけ？」

と、自分に問いかけてみてください。

それが、あなたの「クセ」なのですから。

「本気で書いている文章は、あとで読んでみたら、明らかに雰囲気がちがう」

ものなので、

・生まれてから、今までのなかで、いちばん「よかった！」と思ったこと
・生まれてから、今までのなかで、いちばん「イヤだなぁ」と思ったこと

などを、「やる気」にからめて、じわじわ、書きつづけてみてください。

自分の「やる気」という、かたちを持たない怪物のようなものと、きちんとつきあっていくためには、

「いちばんよかった体験」

「いちばん悪かった体験」

を把握しておかないといけません。

▼あなたは、ここで、このような「方法」を手にいれました

「自分の『やる気』は、わかっているようでわかっていない、かたちを持たない怪物のようなものです。それを把握するために、まず、自分の極限体験や成功体験や失敗体験を、文章にしてみてください」

「やる気！　チャート」から書いてみる

自分自身の「やる気」の傾向を四〇〇字でまとめるというのは、むずかしく思えるものかもしれませんけれど、まずは、他人からしたらどうでもいいような実体験から書きはじめてみてください。

「自己調整」は、体験の分析から、はじまるものなのですから。

図3　やる気！ チャート

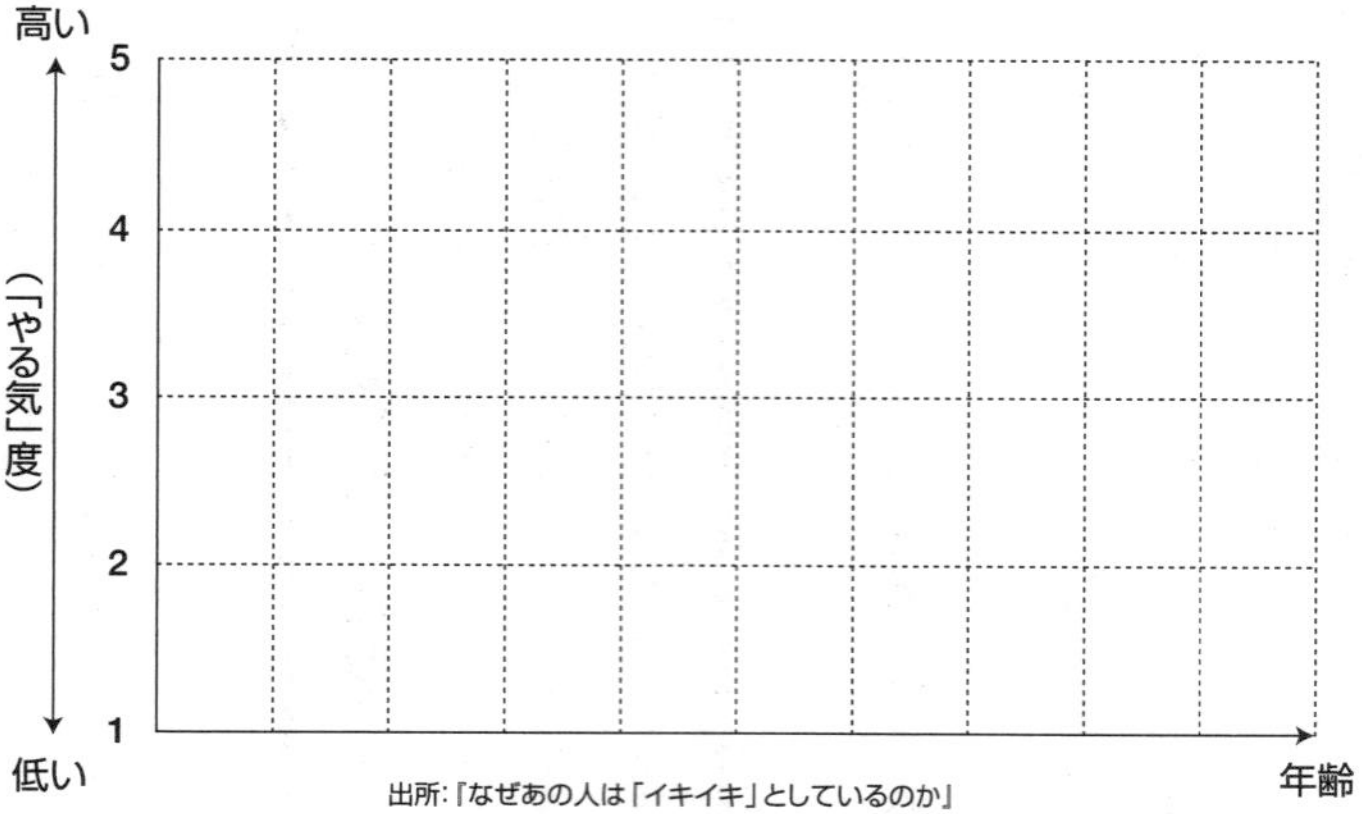

出所：『なぜあの人は「イキイキ」としているのか』
（人と組織の活性化研究会・著、金井壽宏／加護野忠男　プレジデント社　2006年）

とはいえ、いきなり書きはじめるのは、どんなに文章になれている人でもむずかしいものです。

まずは、「やる気！ チャート」（図3）を先につくることをオススメします（元の本では、イキイキ・チャートと呼ばれているものを、モチベーションの本なので、ここでは、「やる気！ チャート」と呼ばせてもらっています）。

横軸が「年齢」、縦軸が「やる気」度となります。3を平均、5を最高にやる気のある状態、と考えて書いてみてください。

自分のことは、ほんとうはわかっていません

自分の行動の原理を書きはじめたら、正直になればなるほど、「ほんとうは、隠しておきたいような自分の性質」に直面しなければならないのですから、これは、本来は、他人にカンタンに発表できるようなものではないのです。

だから、ブログで、ほんのすこしの、

「失敗」

「ネタ」

を書いて発表するよりも、かなりハズかしいものにも、深いものにもなりますし、

「うわぁ、オレってこういうヤツだったのか……」

なんて、自己嫌悪にもおちいるものなのですけれど、いったん、その等身大のトビラを開けてしまったら、

「自分は自分を知っている」

ということが、いかに意義の深いものなのかが、よくよく、わかってくるはずです。

「自分は自分を知っている」

という、たちかえるところのある状態は、逆境に耐えるチカラを養ってくれたり、自分の自信を深めてくれたり、不安で自分を見失わないようにしてくれる手助けに

なるものなのです。

自分で自分のメカニズムを解明しないことには、だれも、あなたの「やる気」や「感情」のありかたなんて、はっきりさせてはくれないのです。

「あのときに比べたら、自分はこうなっているなぁ……」

というものは、いい面も、悪い面も、あるほうがいいのです。

ただし、これらの作業を何回かくりかえして、自分で、深く納得できればそれでもう、いいわけですが、大半は、一回や二回では、到底《とうてい》、「自分の方針を、これで、うまく書ききれたなぁ」とは思えないものでしょう。

はじめから、うまくいくことは、ほとんどありえないのです。

だから、文章を、何回も書きなおしたり、自分の環境の変化にあわせて、文章をあたらしく書きはじめたりしなければならなくなります。

どうして、コレが、はじめからはうまくいかないのか、と言いますと、この自分の方針の文章を、ほとんどの人間は、「詭弁《きべん》」や「大義名分《たいぎめいぶん》」で書いてしまうからです。

つまり、ウソや、ええかっこしいになります。

人間ですから、当然、

「自己評価が高すぎたり、自分の核心を隠そうとしたり、なかなか本音の自分の方針は、出てこなくなったりする」

というのはあるわけですから、そうですね……まずは、一〇回ぐらい、書きなおしたら、いいのではないですか。

そんなふうに、書きなおして、書きなおして……自分の納得のできる、まで、高めるようにしてみてください。

「仕事や勉強の方針」

自分の方針が「あぁ、もしかしたら、書ききれたのかもしれない！」と、チラッとでも思えたときから、もしかしたら、もう、それだけで、仕事や勉強のとりくみかたが、すこし変化しているかもしれません。

これは、できれば、二日に一回とか、三日に一回、だいたい十分から二十分ぐらいの時間をついやして、ほとんど、筋肉トレーニングをおこなうような頻度《ひんど》で、内省するためにおこなってみてください。

慣れたら、四〇〇字や八〇〇字を書くことは、五分か十分ぐらいで、できるようになりますから、できれば、毎日、おこなってみてください。

毎日、朝の仕事の前か、夜の就寝の前に、チョコチョコと、自分の方針をふりかえるだけでも、それが、

「チカラをたくわえる時間」になって、ずいぶん、「やる気」を、自分で調整できるようになるものなのですから。

▼あなたは、ここで、このような「視点」を手にいれました

「自分の『やる気』の傾向は、一日や二日でつかむことはできないけれど、継続して自分の方針を書きつづければ、かならず、自分の感情の傾向を把握できるようになるのです」

「自分の方針」を、自分の使える道具にまで高めるためには

人間とは、基本的に、ナルシストばかりです。

あなたも、そうではないですか?

ぼくも、そういうところがたまにありますが、ナルシストは、「詭弁」や「大義名

分」に自分をあてはめることを、けっこう自然にやれてしまいます。

しかし、そのままでは、ほんとうの自分の方針は、絶対に出てきません。

そのままでは、

「他人によく見せるためのウソ」

なのですから。

だから、自分の方針は、どんどん、書きなおしていくものなのです。

「出世、大好き！」

「異性を意識して仕事をしてしまう！」

これも、ほんとなら、それで、いいじゃないですか。

あんまり、変化していかない傾向は、もう、自分で認めてあげちゃえばいいじゃないですか。

そして、この「自分の方針を書くということ」は、つづけていれば、エライすばらしいことにもなるかもしれないのです。

ぼく自身のめざす方針は、何回も何回も反芻《はんすう》しているうちに、なんだか、たったのひとことになりました。

「大きな絵を描いて、人を巻きこむこと」

これだけなのです。

過去をふりかえってみたら、研究にしても、出版にしても、いつも、こういうことをやりたいと思って行動しているようなのですよね。これは、やる気の方針というより、リーダーシップの方針ですが、このようなことがぼくの行動の基準になっているようなのです。

「大きな絵を描いて、人を巻きこむこと」

という表現自体も、そもそも、自分に、かなり、しっくりくる、ガツンとひびいてくれるものなのです。たぶん、まだほんとうに、でっかい絵を描いたことがないので、未達成感やちょっとした焦りがあるからでしょう。でも、焦りがまた、自分を動かしているとも実感します。不安と希望のメカニズム、というわけですね。

このぐらい、ひとことでいえるぐらいにまで、「自分の方針」をつきつめてみることを、あなたにも、オススメしたいと思うのです。

そうすれば、**つきつめた「自分の方針」は、いいときも、悪いときも、道具として、参照することができます。**

ツライ、苦しい、逆境や修羅場《しゅらば》をむかえたときにも、マントラのように、「自分の方針」をとなえることもできます。

岐路に立ったとき、迷いが出たときにラクになりますし、自分の実感とズレがあるセリフならば、もちろん、そのつど、変更を加えていったらいいのですからね。

「自分の方針の核心」

がわかったときに、自分の生活の細部の方針も、見えてきます。

たとえば、ぼくの場合は、「大きな絵を描くこと」という方針ひとつにしても、絵を描くためには、

「周囲の環境を読まなければならない」

ということになります。しかも、そのためには、

「周囲の環境を意味づけなければならない」

うえに、そこから、はじめの一歩を踏みだしていくといったら、

「踏みだすためのリスクをとらなければならない」

ということになるので、これはコワイことです――というように、具体的なプロセスがわかってきます。

大きな絵を描くといっても、まぁ、これは試しにやっています、となれば、参加者のほとんどが中途半端になりますから、

「やるかぎり、とことん、やるんだということを示さなければならない」

ことにもなります。やるかぎり、最後まで、やりつくすというプロセスには、当然、「周囲を育成するということ」もなければ、実現にいたらないわけで、コミュニケーションが必要になるわけですし……と、

「自分の方針」から、細部を語ることで、どのようなコミュニケーションが必要になるのかもわかるわけです。

つまり、ぼくの場合は、そこで自分の方針を追求することで、

「いまの学界、どうなっているのかなぁ。そのなかで、どういうあたらしいことをやれるのかなぁ」

「やるからには、全力疾走《しっそう》で、最後までやりとげる、というプレッシャーをかけなければダメだよなぁ」

とか、どのようなコミュニケーションやサポートを周囲にしなければならないのかも見えてきました。

しかも、このような方針というのは、どんなに有名な学者のどんなに有名な理論だとしても、ほとんどが、

「自分の直観」

から、生まれてきているわけです。

かならずしも論理的ではないわけで……つまり、理論の世界にいない人たちは、たまに、

「これは無手勝流《むてかつりゅう》（自己流）なんだよなぁ」

とひけめを感じるのかもしれませんけれど、

「そんなふうに卑下《ひげ》することなんてないんだよ。そこからスタートするのが、『やる気』の自己調整なんだよ」

ということを、ここではいっておきたいんです。

自分の方針を持つということは、かならずしも、論理的なセオリーを持つということではありません。

論理的なセオリーにしても、「カン」のような、かたちを持たないものから生まれてくることが、大半でしょう。

尊敬している人のセリフだとか、そんなところから、

「自分の腑《ふ》に落ちる言葉」

にまで高めていく……ということも、あながち、悪いことではないんじゃないかな

ぁと思うのです。

この「自分の腑に落ちる言葉」で、「自分の方針」を語るということは、とても大切なことです。ですから、のちのち、2章の終わりに、すべての「力」をあなたが手にいれたあとで、また、さらに詳しく、「自分の方針作成」のための攻略法を伝えようと思います。

ちなみに、このような構成をとったのは、本書刊行前に、大学生のかたがたや、書店員のかたがたに、試しに、読んでいただいたところ、この「自分の方針」については、攻略本をグングンと読み進めて、つぎつぎに「力」を獲得したあとのほうがアタマにシミこむのかもなぁ、と、感想をいただいたからです。

本書は、そのように、「やる気」を獲得したいという「渇望《かつぼう》」をもっとも感じている人たちに、生理的にもっとも「やる気」の出やすいかたちで、構成されているのです。

▼あなたは、ここで、このような「方針」を手にいれました

「直観を、自分の腑に落ちる言葉にまで高めていけば、それは、自分がいつで

も使用できる道具のように、自分の感情を調整するための役に立つものになるのです」

2 「目的力」という「やる気！」を手にいれよう！

「目的」をシンプルに文章にまとめよう

ほんの少しであっても「言葉力」を手にいれたあなたにとっては、「もう、のこりの四つの『やる気！』は目の前にある」といっても過言ではありません。なぜなら、「言葉力」が、五つの「やる気！」の基本になる方法論を提示してくれますから、あとは、このチカラを上手に使用することで、自分の「目的」や「緊張」や「関係」や「生活」を、理解することができるからです。

ここでは、自分の方針を文章にまとめることをやりながら、「目的力」（プロになりたいから、練習をする、というように夢や希望に向かっていくかたちの「やる気」のことです）という「やる気！」のモトになる、ひとつの「やる気！」を手にいれてしまいましょう。

図4　Aさんの「やる気！　チャート」

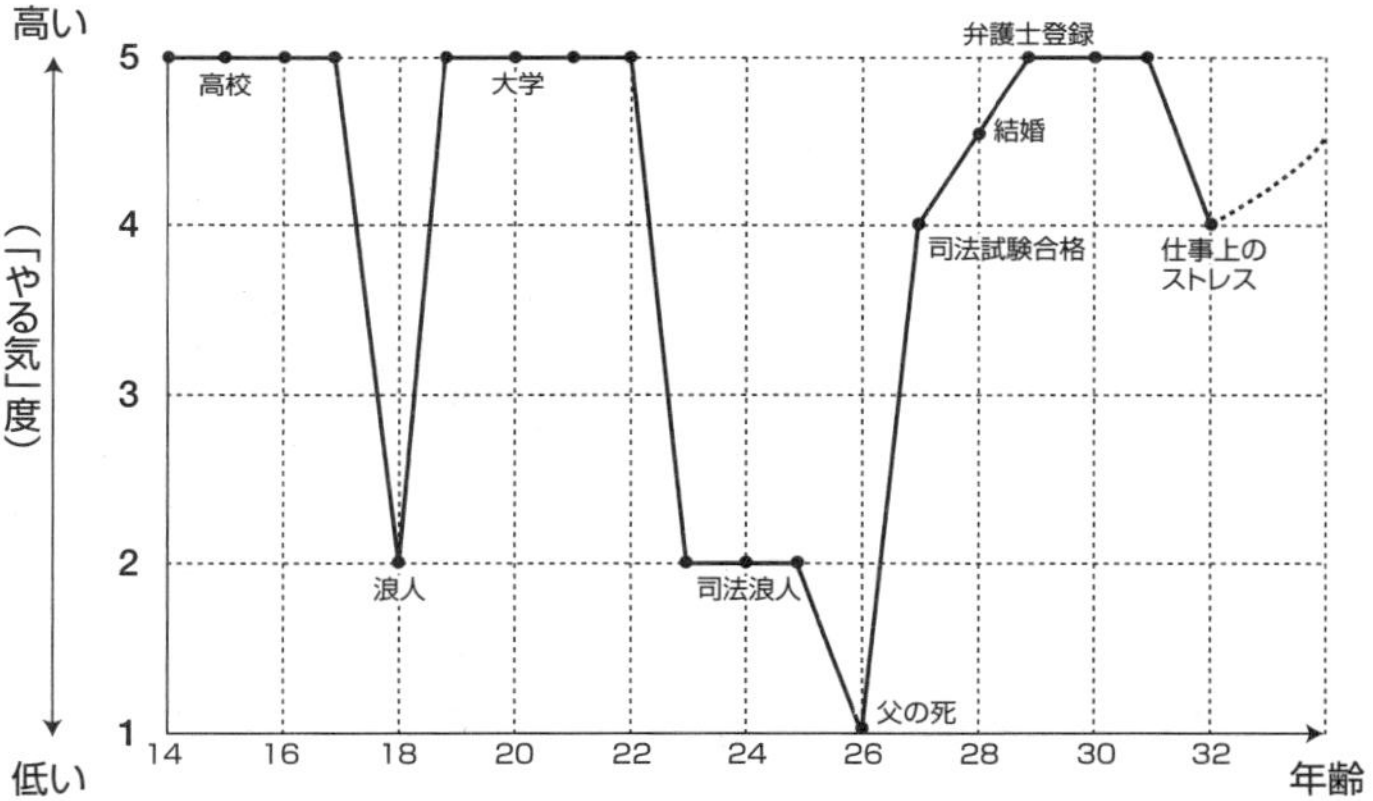

ただし、

「自分の方針を文章にまとめるといっても、どこからやればいいの？」

と思う人も、多いのではないでしょうか。

本書は、「極端に実践を重視した本」なので、数名の実在の人物の「やる気」の話をききこんで、一時間の会話を四〇〇字にまとめてみたという具体例を紹介してゆくことにします。

自分の方針を文章にまとめるということは、自分で自分にインタビューをするようなものです。ここで、さまざまなかたの「やる気」の実例を、紹介してみれば、あなたが、自分で自分にインタビューをするように、文章でまとめていくことが、やりやすくなるのではないかと考えたのでした。
ちなみに、このときも、最初に「やる気！　チャート」を書いてもらうところからはじめました。それが、図4になります。

このチャートをもとにインタビューをしたわけです。

一時間には、たくさんのことを話せます。そこから、四〇〇字にしぼりこんで、物語にして自分を納得させる方針をひきだすということは、かなり、デフォルメが必要になるものですけれど、たとえば、現在、三十二歳の弁護士のかた（Aさん）から「最後の司法試験に挑戦した当時の状況」についてきいた話を、ぼくは、次のように、約四〇〇字でまとめてみました。

・Aさんの「やる気！シート」

　マンガ『家裁の人』を読んで、少年事件に携わり弱い立場の人を助ける弁護士になりたいと思ったが、二十六歳の今年も司法試験に合格できなかった。今年、父が亡くなり、合格を報告できないままになった。悔しいしツラいし母に経済的負担もかけられないから、二十七歳の次回の司法試験がダメならあきらめる。大学時代の友人は社会経験を深めているのに自分はプー太郎で世間も知らないままだ。地下鉄に乗るとき「乗る価値があるか」とひがんでしまう。浪人で歳を重ねて周囲にどう見られているのかも気になる。同レベルの友人も合格してゆき、後輩に追いこされ、コンプレックスだらけだが、不安と苦痛の根本原因は、結局「この勉強が合格につながるのか」しかない。その解消に集中しよう。二十六歳の司法試験の論文の結果は憲法以外の成績がA評価で憲法がG評価。知識の応用の分野が苦手だから「一読了解」を目指して、採点側の立場で一日十時間は勉強しよう。

やる気！のひとこと

このかたは、「目的」に重心をかたむけて、司法試験にのぞんでいました。

ここからは、

「弱い立場の人（少年）を助けたい」（遠い未来）

「親孝行をしたい」（近い未来）

「一読了解《いちどくりょうかい》の論文」（すごく近い未来）

と、時間軸に沿ってかなり明確な目的が見えてきますけれど、もちろん、当時の目的は、「これだけ」ではないのです。

しかし、わりと極端に単純化しないことには、自分自身にさえ、目的がたくさんありすぎて、やるべきことや、やりたいことが、見えなくなってしまうのかもしれません。

だから、「目的」にしても、ふだん、いろいろ考えているなかから、思いきって、しぼりこまなければ自覚することはできないし、「しっくりこないから、書きなおさなければならない」かどうかも、わからないままなのです。

思いきりシンプルに、四〇〇字にあてはまるように書ききったほうが、「目的」は、のちのち、自分で整理したり改訂《かいてい》したりするときに、「道具」として使いやすくなるものです。

シンプルにしなければ、たとえば、この弁護士のかたに実際にうかがったセリフでいえば、

「父さんが亡くなるときも非常にツラかったのですが、同時に、試験にハシにもボウにもかからないというときは、『このままで、いいのだろうか?』『毎日、自分は膨大な時間のムダをしているだけではないか?』『なんのために生きているのか、わからなくなっちゃった……』と、どんどん、落ちこんでくるわけです。もう、進路を変更しようかなぁというように、他の道や他の資格試験も、ついつい探してしまいます。

それに、勉強中は、『気晴らし』みたいなものに飢《う》えてしまいます。受験のともだちができなければ、かなり孤独になってしまうから、ぼくの場合は、予備校に通って、ともだちも作って、いっしょに答案の練習会みたいなことをやったり、切磋琢磨《せっさたくま》しながら、つづけていました。どうしても、ひとりだと、落ちこんでしまいますからね。

試験勉強の方法は大学受験と大きくは変わりません。一日、十時間から十二時間ほど、勉強をつづけるわけです。模擬試験を受けると、はじめのうちは合格ラインにおよばないけれど、二年、三年、勉強をしていけば合格ラインを越えてくるから、まず

は、そのあたりを目標にしていく……まぁ、論文などは、実際の採点基準とあうのかどうか、ほんとうのただしさというのは、わからないのですけれども……」

というように、たとえば、

「時間のムダをしたくない」
「有益な人生を過ごしたい」
「十時間ぐらい勉強したい」
「模擬試験の合格ラインを越えたい」
「司法試験が無理なら他の試験に受かりたい（司法書士）」
「孤独はイヤで、ともだちと試験勉強をしたい」

などと、数分のセリフ（自分を励《はげ》ますセルフ・トーク）でさえも、「目的」になりそうなことは、たくさん出てくるわけです。

人間、あんまりたくさんの「目的」があるとブレてしまいますから、

「そこから、どの目的を中心にするのか」

が求められているのです。

ちなみに、この弁護士のかたが、司法試験の勉強の方針の、

「一読了解」

というシンプルなひとことにたどりついた過程も、ていねいにながめてみたら、次のような一本の道があるようでした。

・合格しなかった、ショックだなぁ……
↓
・自分なりに、これだけ勉強をしてきたのに、なんでだろう?
↓
・この一年、なにをやったらいいのかなぁと思わされた、呆然《ぼうぜん》としてしまった
↓
・なにが原因で落ちたのかが、わからない……ツラくてツラくてたまらなかった
↓
・司法試験は、成績の評価が返却されるが、自分の場合は、憲法のGという評価以外は、すべての科目の論文試験の結果がAだった
↓

・どうやら、憲法をやらなければいけないぞ

←

・しかも、憲法というのは、論文のなかでも特に答えがないもので、人権問題で違憲か合憲かを出すにしても「どのように議論を持っていくのか」が問われる

←

・なにをやったらいいのかわからないけれど、知識をいれこむ勉強ではなくて、知識を使いこなす勉強をしなければ

←

・あんまり知識をこねくりまわした憲法論をひけらかすのではなくて、三段論法などで、「こう考えました」と、非常にストレートに採点者に伝えていくよう、方針転換をおこなう

←

・冷静に採点者の気持ちになったり、字をキレイにして論文試験の印象を変えようとしたり、「この人は、法律家の素養《そよう》があるなぁ」と思ってもらわなければいけないのだから、徹頭徹尾《てっとうてつび》、この論文試験の答案を読まされる相手の立場を想像して、読みやすいものを書こう

・すべては、「一読了解」の方針に尽きるのではないか？（結論）

←

このように、自分の「やる気」の核心に近い方針を、できれば、「ひとこと」や「短い文章」で、表現するようにしてみてくださいね。

こんなふうにして、自分の「目的力」を、手にいれてみてください！

▼あなたは、ここで、このような「道具」を手にいれました

「自分の目的をはっきりさせるチカラを手にいれるためには、自分の将来の希望に近づく方針を、できれば、ひとことだとか、短い文章でまとめてみてください。そうすれば、目が覚めるほど露骨に自分の方針が見えてくるのです」

3 「緊張力」という「やる気！」を手にいれよう！

「緊張」を、シンプルに文章にまとめよう

次は、「緊張」が自分を動かすというタイプのかたの「やる気」の方針をたずねて、約四〇〇字程度にまとめて、紹介してみることにします。

うかがうのは、現在、人材派遣会社の社長をやられている佐藤栄哲《ひであき》さんというかたで、もともと、ぼくが開いていた（そして今もずっと開いている）神戸大学の金井ゼミの第一期生でした。十七年前。ぼくは、当時は三十五歳で、佐藤さんは、もう、今は三十七歳ですから……いやぁ、えらい時間が経ったなぁと思わされます。

佐藤さんは、大学在学中も起業していたけれど、「就職」は大学卒業時しかできにくいからと、いずれ独立するつもりで大企業の商社に入社しました。二十代で「新規市場開発」「新規顧客開拓」「事業会社設立」「事業会社のマネジメント」をして、数

十億円の海外投資でワイン市場をきりひらいたかたですが、三十三歳のとき、学生時代に起業した会社に戻るために大企業を退社して、現在にいたるまで、その会社の社長をつづけていらっしゃいます。

ちなみに、佐藤さんは「会社経営は、価値基準がなければできない」という立場から、すでに、自分の経営理念を文章でまとめているのですけれど、今回は、約一時間の話から、佐藤さんの「緊張」の面の方針を、仮に、本書にあわせて、作成させていただきました。

佐藤さんに話をうかがうと、エピソードが、次のようにポンポン出てくるわけです。

（エピソード1）

「商社入社当初は新規事業なんて挑戦させてもらえなかった。大口の重要な仕事をさせてもらっても『すでにできあがった仕事をこなすだけではイヤ』と、どうも、ワクワクしない……。

『こんなことをやりにきたんじゃない！』と思いましたが、新規事業提案を出しても『なに余計なことやっとんねん！』と怒られる。会社員としての業務も義務もこなしながら、勤務時間外に新規事業の調査をはじめたのが入社二年目でした。夜の十時か十一時に与えられた業務を終え、業務時間外でも朝の四時か五時までコツコツと新規事業の勉強をする。毎日、帰宅直後に二時間ほど仮眠をしてはふたたび出社。成果が出たのは数年後だったけれど、あのときはたのしかったなぁ……」

（エピソード2）

「数十億円の投資をしたアルゼンチンは現地法人設立の一年後に金融危機《きんゆうきき》に陥りました。金融機関にアルゼンチンはリスクが多すぎるとはねられてキャッシュがまわらなくなる。本社も『説明せえ！』と責めるだけ。だれも助けてくれない。だれも理解してくれない。現地社員の六〇〇人が路頭に迷いそう。睡眠薬を飲む。酒も飲む。でも、眠ることができない。胃に二つの穴が開き、頭髪はどんどん白髪に。コワくてしょうがない……ただ、現地の競合他社もカネが調達できないから、金融危機を逆手《さかて》に準備を継続してしのごうと思ってコツコツ事業をつづけたら、金融危機が落ち着いたころには、競合他社が四二社あるなかでシェア・ナンバーワンの地位を獲得することができた。結果的に危機は好機になった」

（エピソード3）

「父親の会社の財務内容を見たらヒドかった……完全な債務《さいむ》超過状態。放っておけなかった。人材派遣業は市場の潜在性も高い、歴史も浅い、大手も差別化をしているわけではない。今からでもナンバーワンになれると確信した……ただ、実行可能にもかかわらず、社員が腐《くさ》っていた。サボりたい放題。スポーツ新聞を読む、パチンコ屋にいく、デスクで株式投資をやる……役員は、短視眼的な方針しか持たない。役員でそんなんですから、末端《まったん》も腐る。新聞を読まない。話が通じない。緊急の受注を目前に『でも、六時に約束があるんで帰りますわ』……経営理念や事業戦略に沿った経営改革を実行したら、すぐに皆、会社を去って行きました。結果として事業戦略に沿う人材を揃《そろ》えることができ、すぐに会社を軌道《きどう》に乗せることができました」

物語化しているエピソードは、ほかにも、感動的なものを、たくさんうかがいました。

「方針は物語にしたほうがいい」のですが、この佐藤さんのように、「物語」が、たくさんあふれて、なかなかひとつにはまとめにくいんだ……というかたも、いるのではないでしょうか。

それも、当然ですよね。年齢をかさねれば、そのぶん、切実な「物語」があふれてくるわけですから。もちろん、たくさんの物語があること自体は、すばらしいことなのです。

ただし、本書の方法で「自分の方針」をまとめるときには、「シンプルに、目に見えるかたちにすること」で、「道具」として使用できるようにするわけなので、物語があふれているときには、物語の裏側に共通するものを探って、あえて、次のように四〇〇字で思いきりシンプルにまとめて本質をつかもうとすることを、オススメしたいと思います。

・佐藤さんの「やる気！シート」

　新入社員の当初も、金融危機の苦境も、会社経営の当初も、「最低の経験がいい結果に転換できた」と言える。実際、自分の傾向は「ケツに火がついてから勝負」で、順風満帆なら「やる気」が出ないところがあります。緊張が自分を動かす理由とつきつめたら、期限と数値が明確になるから。いつまでに何円の利益をあげなければまにあわないとわかれば、その期限の勝負になり、逆算して、今、やるべきことが明確になる。行動があらわれる。夢はあるし、常に語れるけど、自分は、本気の最中は語ることなんてしない。本気のときは仕事に没入する。夢は行動にしなければ……実現に必要な条件を論理で説明し、達成の数値と期限を示したら緊張が生まれて、行動をしなければならなくなるから、そこに追いこまなければ。ただ、自分は苦境で成長するタイプだが、部下にはホメられて伸びるタイプもいるから、あおるかホメるかは、人の性格にあわせなければダメだけど。

やる気！のひとこと

つまり、佐藤さんほど、物語があるかたなら、物語の背後に、

「突破するべき苦境を作る」

「必要な条件を明確にする」

「期限と数値を明確に作る」

と、「緊張」を作りだして、自分をあおるための方針があるのだということを、言葉にしたらいいのだろうなぁ、と、思わされたのです。

これも、あなたの「方針」を文章にするためのひとつの参考にしてみてください。方針を道具として活用して、現実にあわなくなったら書き換えて……とやるだけでも、「やる気」の自己調整ができるかどうかに、おおきく影響を与えてくれるものですから。

あなたは、どんなときに、緊張と仕事の関係を感じますか？　それを、文章に記してゆくなかで、「緊張力」という武器を、ぜひ、手にいれてみてくださいね。

ちなみに、「やる気！　シート」の左下に「やる気！　のひとこと」という欄《らん》があるのに気づいてましたか？　これは、自分のやる気の出所《でどころ》となるキーワードを書く欄です。

この佐藤さんであれば、「自分を追いこむ」などの言葉になり、「緊張力」で動くタイプだなというのがわかりますし、先の弁護士のAさんであれば、「弱い立場の人を助ける」となるでしょうし、つまり、「目的力」が、やる気の根源なのだということがわかります。

▼あなたは、ここで、このような「道具」を手にいれました

「将来の目的をありありと思いえがくことよりも、近々の緊張のほうが自分を奮《ふる》いたたせるのかもしれないと感じたときには、言葉のチカラによって、自分がどのようなときに緊張するのか、そして、どのようなときにそこで仕事をしあげられるのかをまとめてみてください。そうすれば、緊張力という『やる気！』を手にいれることができるのです」

MOTIVATION CONTROL

2

周りの「やる気!」

1 周りの「やる気メカニズム」を把握しよう！

周りのことも、知らなければならない

1章で身につけたような、言葉をもとにして、

「自分の方針を自分で把握する」

という方法は、ある意味では、「よりどころ」を持つということに近いのかもしれません。

もちろん、

「自分を知る」

ということは、だれにとっても、完全にはできないものなのですけれども、

「自分の傾向を知る」

ということなら、これは、だれにとっても、やりかた次第で、できるものなのです。

「自分の傾向を、おさえているからこそ、飛翔《ひしょう》もできたり、リラックスもできたりするという道具」を、手にいれられるためのハナシを、1章で、おこなってきましたけれど、ところが、

「自分を知る」

というだけでは、

「牢獄《ろうごく》のなかで、自分を観察しつづけているだけ」

というような面も出てきてしまいがちなものです。

やはり、自分自身の傾向を知ることだけではなく、もうひとつ、自分が周りとともに暮らしている、

「この世界」

について、知るということがなければいけません。

これは、キャリアを重ねるほど、必要とされていることでもあります。

ただ、「この世界」を知るといっても、だれかのまとめた情報を鵜呑《うの》みにするということでは、世界を知ったことにはなりません。

「自分の言葉で、自分の世界の近隣に暮らしている人たちのことを、把握するとい

うこと」

これが、やはり、不可欠なのではないでしょうか。

これは、しかも、1章で身につけた言葉の使用法を、周りにあてはめてみたら、できることなのです。

ぼくたちは、真空《しんくう》のなかで、生活しているわけではありません。

つまり、

「自分についての自分なりの理論」

だけではなくて、

「世界についての自分なりの理論」

「周りについての自分なりの理論」

というものが、やっぱり、必要になってくるのではないですか?

2章では、そういう「周りのやる気」の世界を、いっしょに、のぞいてゆきたいと思います。

「まえがき」や「あとがき」を読んだあと、パラパラと本をめくって、まず、この2章を開いた人もいるかもしれませんから、いっておきたいのですが、

「自分にだけ、成立するような理論」

というのも、もちろん、大事で必要なのです。

これほど、

「シビアで、変化が多くて、ひりひりしている世界」

において、それから、

「だれも助けてくれないという状況におかれがち」

というなかで、

「複雑な情報を、つなぎとめるための方針」

としては、もちろん、自分の傾向や強みを把握することは、ほとんど、不可欠なものなのです。

ぼくも、自分が、どんなふうにがんばるのかということを把握したいと思っています。

だけど、周りの傾向を把握することも、大事です。

周囲に成立する理論は、自分に成立する理論と、かならずしも、一致しないところがあるのですが、このふたつの理論を、あわせて持っていなければ、

「つながりあう」

ことができなくなってしまうのではないでしょうか。「つながりあう」ことから、ほとんどの仕事のサイクルは生まれ、うまくまわっていくのですから。

たとえば、あなたの「これがあれば、がんばれる」というキーワードが、「よし、これを、やりとげることができたぞ！」

という「達成感」だったとしてみてください。

もちろん、なんにも卑下《ひげ》することなんてない、立派な行動原理のひとつだと、ぼくは思います。

ただし、ここで、個人の方針が立派であるかどうかよりも重要なのは、

「自分ががんばる方針の本音《ほんね》を把握していること」

です。これと同様の構造が、周りの方針についてもいえるのですよね。

周りのすべてが、「達成感」で動いているというわけではないのは、すこし想像をしただけで、わかるのではないでしょうか。

「周りの人たちのおかれている仕事の環境は、もしかしたら、達成感を刺激してくれるような、恵まれたものだけではないのである」

ということも、いえるのかもしれません。

また、自分で、達成するだけでは足りなくて、周りから「達成したね！」と承認されることが必要という人だって、いるのかもしれません。方針や感情や「やる気」のもとになるものは、十人十色《じゅうにんといろ》です。

実際に、それぞれの「がんばりの源泉になるような状況」は、だれにでも、やってくるものではありません。

だから、自分の理論を、知っていたとしても、自分の住んでいる世界のなかの、「自分以外の人たち」の行動や方針や動向を、どのようにとらえているのか、という観点がなければ、もしかしたら、「ひとりよがり」に、なってしまうのかもしれないのです。

「あの人は、どんなときに、がんばる気になるのか？」

「この人は、どんなときに、落ちこんでしまうのか？」

についても、どうぞ、チラッと、考えはじめてみてください。

周りのよろこびをながめることが、いちばんのよろこびというタイプの人にとっては、周りの「やる気」を考えて、改善策を実行することそのものが、「やる気」の源泉になったりもするのですから。ここで手にいれられるチカラを、本書は、「関係力」と、名づけています。

▼あなたは、ここで、このような「道具」を手にいれました

「1章で、自分の方針を手にいれられたあなたにとっては、2章で、周りのやる気について考えることができるのも、もう、近いのです。しかも、他人のなかで暮らしている自分ということに気がつくことが、やる気の源泉にもなったりするのです」

他人と自分は、ずいぶんちがうもの

四十代の上司が、

「二十代や三十代の部下たちのやる気を高めたいなぁ」

と思ったときは、まず、二十代や三十代の部下たちが、いま、ぼんやり考えている、

「やる気のあるとき、やる気のないとき」（部下にかかわることです）

だとか、

「いいと思える上司、ダメと思える上司」（上司にかかわることです）

だとかを、簡単なメモに書いてもらったら、たぶん、おどろくのではないでしょうか。

実際には、会社組織で、本音を率直に書いてもらうことは、むずかしいという場合が大部分なのでしょうけれどね。

いきなり、なんでこんなことをいうのかといえば、

「部下のやる気」

「上司の指導力」

について、世代によって、ずいぶんイメージがちがうんだなぁ……という現実が、企業に協力していただいて調査をしているうちに見えてきたからです。

つまり、そこのところで、「やる気」についてのイメージにズレがあるということは、まずは、知っておいたほうがいいと思うんです。

たとえば、二十代前半のかたがたや神戸大学の学生さんに、

「いいと思える上司やキャプテン」

についてのイメージをたずねてみたことがありますが、みんな、社会経験はないけれど、それぞれ、これまでに家庭や学校でつちかってきたイメージというものはあるから、わりとポンポンと、あんまり考えないまま、すらすら自然体で書いてくれたわけです。

「声がおおきい」

「ていねいに教えてくれる」

「どっしりとしている」

「リラックスしている」

ただ、四十代の部長クラスや中間管理職というのは、けっこう、へいこらしているから、「どっしりとしている部長なんて、実際問題、あんまりいない」。

たとえば、高卒の採用で、「たたきあげ」で、管理職にのぼりつめた人なんかのほうが、人間的に「あつみ」があって、わりと余裕がある管理職になれているのかもしれませんよね。実際にそういう場面に出くわすことがあります。

ただ、そういうふうな、学生のイメージにあうような上司のありかたというのは、いまは、現場では、まだまだ、少数派なのです。

もちろん、若手のイメージを、

「そんなん、あまい認識なんやで」

と批判することはカンタンなことです。

異文化や異世代を「アホやなぁ」とけなすのは、いつでも、ずいぶんカンタンなことなのです。

でも、**部下と上司では、「指導力」や「やる気」についてのイメージに実際に「ズ**

レ」があるのが現実なのだとすれば、その現実の「ズレ」を知らないまま、自分のイメージを押しつけてもしかたがないところがあります。だからこそ、言葉力を生かして話しあうことが大事になってきます。

むしろ、いい大学を出たけれど、これまで、へいこらへいこらして、ようやく部長になったなぁと、余裕なく部下に接していたなら、

「アイツの下にいても、やる気が出てこねぇんだよなぁ……」

なんてことにもなりかねませんからね。

▼あなたは、ここで、このような「視点」を手にいれました

「周りのやる気について考える、なによりの出発点になるのは、自分と周りは、やる気の源泉になるものが、ものすごくちがっているかもしれないという認識なのです。現実のズレを知らずに、自分のイメージを押しつけてしまったら、だれも悪くない、むしろみんなが前向きなのに、カラまわりしてしまうという、チームの悲劇が起きてしまうのです」

周りをもりあげる人になりたい、というみなさんに

ちょっと成功しているからといって、得意満面で歩いているようなありかたは、あまりにも、

「オレはエライ」

という姿勢がハナについてしまい、

「うわぁ、コイツ、サブくないのかなぁ……！」

というような印象を受けるかたも、いるのではないでしょうか。

日本の社会には、伝統的に、

「やっぱり、人をしあわせにできる人が、かっこいいんだ」

「なんだかんだいっても、人をしあわせにできないような人なんて、ダメだ」

というふうな「空気」が、あきらかに、あるのではないでしょうか。

「カネもうけができるかどうか？」

「知識がたくさんあるかどうか？」

「エネルギッシュかどうか？」

いまは、時代もシビアですから、たとえば、そういうような価値基準では、「もう、どうしようもないぜ」というところにまで、きているはずなんです。

カネもうけが、否定されているわけでもありません。

知的好奇心が、否定されているわけでもありません。

もちろん、「やる気」が、否定されているわけでもありません。

ただ、数年間の政治や経済や社会の動きが肌身《はだみ》にしみたせいか、

「それだけでは、ダメなんじゃないの?」

という「流れ」が、非常に強まってきているのではないでしょうか。

もうすこし、具体的にいうのだとしたら、

「『自分』だけでは、ダメなんじゃないの?」

という「流れ」が、出てきているのです。

ここでは、「周り」の気持ち(やる気)を、いかにあたためることができるかということも、重要になってくるのです。

「周り」の気持ちに影響をあたえるものというのは、一直線に、能力や技術がありさえすればいいというものではありません。

むしろ、過去の失敗も、生きたりするわけです。

「この人、さんざん、いろいろなことをしてきたし、ワケのわからない世界にもいっていたんだろうけど……まぁ、『さんざん、いろいろなことをしてきた』からこそ、逆に、信用できる人なんじゃないかなぁ」

というとらえかたをしてもらえたから、ともに仕事をすることに「やる気」を持ってもらえる、なんていうこともあるんですよね。

▼あなたは、ここで、このような「視点」を手にいれました

「周りを動かすということは、ただしいことをいっていればいいという単純なものではありません。むしろ、さんざん、ワケのわからないことをしてきて、懲《こ》りただろうから……なんていう視点からも、信頼というものは、生まれてくるところがあります」

周りをあたためることは、とてもむずかしいもの

個人の能力の高さだけでは、なかなか、周りは、ついてきてくれないものです。

「パッと見たら、道徳的でいい人そうだけど、でも、なんにも失敗の経験をしてきていない人のほうが、もしかしたら、将来、なにかあったときに、豹変《ひょうへん》したりしてコワイのかもしれないよ」

というカンのうらがえしで、

「まぁ、コイツは、さんざん、いろいろなことをしてきたのだろうから……まぁ、だからこそ、だいじょうぶなんじゃないの?」

というセリフが出てくるわけです。

たしかに、ぼくも、人と話していてそう感じさせられることがあります。

「この人も、いろいろ、たいへんなこともあったんだろうけど……いろいろな経験があって、一周まわってきて、だからこそ、いま、こんなふうにしているんだろうなぁ」と、「懐《ふところ》の深さ」を感じられる人とは、安心して話すことができるというところがあります。

逆に、「まだ、まちがえたことがない人」のほうが、

「おまえは、つまらないヤツだなぁ!」

「ピーチクパーチク、うるせぇなぁ!」

と思えたりもするわけです。

「まだ、まちがえたことがない人」は、レールをふみはずしたことがありません。

だから、

「レールの外側には、もしかしたら、スゴイことがあるんじゃないのかなぁ……」

と、期待を持っているのかもしれません。

つまり、「免疫《めんえき》」がなさすぎる人は、「あやうい存在」でもあるわけです。

むしろ、

「レールの外側にも逸《そ》れまくって、キズだらけにもなってしまったけど、そこからなんとか自分をたてなおしてきた人」

のほうが、

「オレは、あれをやりのこしたなぁ……」

「オレは、あれをしてなかったから、ダメなのかもしれないなぁ……」

なんて思いのこさないでいられる、という意味では、

「アイツは、一周まわってきたヤツだから、だいじょうぶ」

と感じられるのかもしれないのです。

しかも、一周まわって、ひと皮むけて、「オレが」「オレが」という人でなくなった

ら、周りのことも、考えられるようになってくる……このあたりは、

「『自分のやる気』だけでは、ダメなんじゃないの？」

という、管理職やチームワークを目前にしている人には切実なテーマに、関係してくることだと思います。


「自分の目的のため」

だけではなくて、

「周りの目的のため」

に、やる気をひきだすことができる人が、「かっこいい」と思われるような転機が、たいていの仕事で、三十代の後半や、四十代になるころには、おとずれることになるのではないでしょうか。


1章では、「自分」のやる気について考えてきましたが、ただ、世の中には、やはり自分の「外部」の基準を考えないことには、うまく理解できないものごとが、たくさんあるのです。

「あれは、ムカつく」

「あれは、好きだな」

それだけで、自分に起きているものごとを判断していたら、どうしても見えなくな

ってしまうものがたくさんあります。

「不快」だと、いきどおる。

「快適」だと、うれしがる。

それは、人には、当然のことなんだけれど……ただ、

「自分を超えて、周りの世界をながめてみる」

だとか、

「周りの世界のものごとをふりかえる」

だとかいうときには、

「自分にとっては不快なことだとか、見たくもない事実だとかもふくめた、『周り』という角度から理解していかないことには、『きれいごと』だけでは、仕事も社会もまわっていかないものだからなぁ……」

というようなメカニズムで動いているものが、じつは、とてもたくさんあるのですからね。

周りの気持ちに影響を与えるということは、自分のやる気をひきだすこととは、また、別の次元のタフなことなのです。

▼あなたは、ここで、このような「視点」を手にいれました

「名選手は、名監督ではない……そのような例は、やる気の世界でもかなりよく見られるところがあります。つまり、自分のやる気をひきだすことは上手だけれども、周りを思いやり、周りを想像して、どのようなときに周りの世界は動いていくのかを考えることができなければ、多くの場合、管理職のような仕事についたときに、カベにぶちあたってしまうのではないでしょうか」

試行錯誤《しこうさくご》をつづけてみてください

「長期的な視点で、やる気の把握をおこなうこと」の実地訓練《じっちくんれん》は、「周りのやる気」についてては、自分よりりも、痛みがともなうものです。「こうしたら、その気になってもらえるのかも」

という発想を実行にうつそうとしてみたら、たいていかならず、集団内には、

「反対したり、文句をいいだす人たち」

というものが出てくるものです。

そういう「反対」「文句」が出てきたときに、どうするかなのですが、たいていは、
それでちぢこまって、

「じゃあ、まぁ、ヤメておきましょうかねぇ？」

となりがちなんです。

ただ、そこでちぢこまったりしないで、

「チームの人たちをまきこんで、圧倒的な力で説得していく」

ということをやれたのだとしたら、「やる気」を出すことを実現させるプロセスでは、

「チームメイトのやる気を向上させる」

というだけでなくて、

「管理職のスキルを向上させる」

「チームメイトたちとのつながりをよくする」

ということも、ついでに、できてしまうわけです。

「反対」

「文句」

が、いちいち出てきてしまうというのは、ふつうに考えてみたら、

「ダメ」

「めんどうくさい」

「できれば、ないほうがありがたい」

とかいう要素にあたるものでしょう。

ただ、むしろ、「ダメ」で「めんどうくさい」からこそ、かえって、

「困難な状況のなかで、生きぬいていくチカラが訓練される」

なんていうこともあります。

つまり、そんなふうに考えてみたら、一見、「よさそう」に見えるけれども、じつは、ぜんぜんよくなかったり、あるいは、一見、「よくなさそう」に見えるけれども、ほんとうはそれでいいんだなぁということが、たくさんあるわけです。

最終的に、

「やる気があるときも、ないときも、タフに仕事ができるようなチカラをつけよう」ということを目的にしたのだとしたら、瞬間の「やる気」はあくまで通過点。で

すから、場合によっては、

「自分や周りの『やる気』について、文章を書きつづけること」をやりつづけるプロセスのなかに、むしろ、サバイバルのチカラがつく可能性だってあるのではないかとも考えられるわけです。


「ダメで、めんどうに見えるけど、ほんとはいいんだ」

というものを、もうすこし、見つめたほうがいいのではないかと思っています。

周りの「やる気」をひきだすということは、集団の全体にかかわっていく作業でしょう。

だから、そこで、なにが必要なのかといえば、周りの「やる気」のデザインそのものをしていくことも大切なのですけれども、同時に、

「その方針を、理解してもらう」

「その方針に、合意してもらう」

という環境を作ることなのです。

だから、いわゆる、

「周りと自分の、合意や共感の水準をあげるということ」

も必要になるわけです。

つまり、周りの「やる気」を考えるということは、いいかえると、「集団を教育するということ」が必要になる、といってもいいのかもしれません。

この場合も、現場で見たり考えたりしたことが、議論をおこなったり、理解したりするための前提をつくりあげるわけですから、継続して文章にまとめてみてください。

言動は、

「受けとめかた」

によって左右されるものなのかもしれません。

「受けとめかた」

によって、価値が変化するということについては、ぼくが、学問の世界で、つねづね感じていることです。

世界基準の学問は、

「この基本的な理解がある」

という前提でおこなわれているので、たとえば、あえていわないまでも、パッと、

「あぁ、あの論文の文脈を生かしたことだよなぁ」

なんて、わかるネタが、経営の論文にも、出てくるわけでしょう。

そういう基本の知識がなければわからないという話が展開されているにもかかわら

ず、ぜんぜん、そこらへんを理解していなかったら、

「欧米の文化圏で書かれた論文」

を、

「欧米の文化圏で、知識人たちに読まれたときとおなじぐらいのインパクトで読みとろうとするため」

には、論文そのものをいくら読みこんでもダメなんです。

むしろ、欧米の文化の基本をかたちづくっている思想や議論のつみかさねを、理解しておかなければ、論文からの刺激をくみとりつくすことはできないわけですよね。

それと、周りのやる気をひきだすこととは、似ているところがあります。

実際に、一回に、周りに伝えることができるセリフにふくまれている情報量というのは、じつは、さして、多いわけではないのです。

だから、一回で、それが、効いてゆくということもあんまりない。

ただ、その情報量のすくないなかから、周りと自分のアタマの刺激の「トリガー（引きがね）」になるようなものを、どれだけ、おたがい、くみとれるかどうか……そこに注力《ちゅうりょく》することが、管理職には、問われているわけです。

▼あなたは、ここで、このような「視点」を手にいれました

「周りのやる気をひきだすなんていうことは、ものすごくむずかしいことですし、一回だけでうまくいく方針なんて、なかなかありません。なぜなら、人間は、それぞれちがっているのですから。しかし、試行錯誤をつづけること自体が、周りに対する理解を深めるということはよくありますから、一回で答えを見つけようとしないで、試行錯誤自体に、意味を見いだすのもいいのではないでしょうか」

周りとの「共通前提」を作りあげていくこと

かつて、日本では、「終身雇用《しゅうしんこよう》」なんていう言葉が成立していたとおり、「自分たちには『共通の前提』がもともとあるんだ」という前提で、人と人のコミュニケーションがおこなわれてきたものでした。

そういうことは、ある時代までの「日本の伝統」のようなものだったのです。

しかし、その「前提」は、価値の多様化がおこなわれたときから、グラつきはじめました。

とくに、若い世代になればなるほど、人と人のあいだの「共通の前提」は、どんどんなくなってきていると言われています。

だからこそ、**「共通前提の欠落」を埋めあわせるための「即席《そくせき》の共通前提」のようなものが、作られていくわけです。職場で、異なる環境を抱えて集まってくるチームメイトに対しても、おなじようなことがいえるのです。**

つまり、高度成長時代などとちがい、コミュニケーションの「酸欠《さんけつ》状態」というのは、はじめから、厳然《げんぜん》として存在しているということです。

しかも、今は、「人員の流動性」が、あまりにも高まりました。

会社は、すぐにでもつぶれるかもしれない。

自分も、すぐにでも異動するかもしれない。

そういう時代において、

「変わらないもの」

「信頼できるもの」

「安心できるもの」

なんて、ほとんどないのだから……ということで、人は、自分の傾向を把握しておきたくなるし、周りの傾向を把握しておきたくもなるものなのではないでしょうか。

安定が、あまりにもないという世界において、安定を渇望《かつぼう》するようになるからこそ、いつでも、おなじような経験をくりかえしたくもなるのだから、ガンコになっている人も多いのですけれど、

「いつでも、おなじような経験にしか出くわさないように、安定していたい」

という自己維持の戦略のカラを、破ってもらわなければ、チームワークを生かした仕事にならないときだってあるわけです。

つまり、「共通の前提」がないときには、社会人の人間関係は、そんなふうな方向で、どんどん、追いつめられてしまいがちなのではないでしょうか。

「円滑《えんかつ》な人間関係を作りづらくなった」

ということは、今の社会人の、ひとつの特色でもあります。

それは、ガンコ、ということを指摘するのだとしたら、もしかしたら、

「みんなが『自分を守る』ということに汲々《きゅうきゅう》としてしまっているのではないか」

という現実なのかもしれません。

人間というのは、しかし、関係性の生きものです。だから、

「自己維持」

ばかりに汲々としていたら、結局は、

「関係が持てない」

ということで自分をキズつけることになる……。

つまり、周りの「やる気」とかかわるときには、

「期待はずれのものに出会うことを、コワがらないでいけばいいんじゃないのかなぁ」

という前提を、アタマにおいたほうがいいのかもしれません。

「こんなハズじゃなかったような気がするけど……まぁ、でも、現実なんて、こんなものでしょう」

と、社会人は、はじめから、「願望」も「期待」も、なるべく持たないようにしているのかもしれないけれど、「絶望」や「諦観《ていかん》」のまま、「濃密な関係」にふみだしていくことをコワがって、人生になんのひっかかりもないんだ……とさみしくなっている人がいるなら、

「そもそも、だれでも、はじめから、相手の欲求を察知することなんて、できないのだから」

と、「通過儀礼《つうかぎれい》」や「試行錯誤」という、生身の体験をくぐりぬけることを奨励《しょうれい》し

たいなぁと思うのです。

人間関係にふみだすということは、なかなかうまくいかないことだし、はずかしいことだし、ときには、ものすごくキズつけられることでもあるんだけど……。

ただ、

「一回で、正解にたどりつかない」というのは、「迂回路《うかいろ》」でもなんでもないわけです。

だれでも、相手の要求を察知するまでには、ながいながい、実践と失敗の経験の蓄積が、必要とされるわけで、そこのあたりは、やっぱり、試行錯誤をかさねてゆくしかありません。

「相手の要求していることは、こういうことなんだろう」

と仮説を立て、行動して、

「うわ、まちがっていたらしい。ハズかしかった！」

と、期待ハズレを経験することから、だんだん、相手がなにを要求しているのかがわかるようになってゆく……そのあたりのプロセスをとおらなければ、なかなか、周りへの思いやり、ひいては、周りの潜在《せんざい》能力をひきだすチームを作るということは、できないのではないでしょうか。

安全な密室で、ワクのなかから飛びださないままでいるよりも、むしろ、外の世界をあちこちめぐって、また、元の世界に帰ってくるという「通過儀礼」のような実体験が、今の若い世代に、もとめられているのではないでしょうか。

純粋で、素朴《そぼく》なままでいるというのは、のちのち、キズつきやすさをまねいてしまうだけなのではないでしょうか。

「生身の体験をくぐりぬけること」

という、それなりの形式を踏まえなければ、「現実」や「感情」をコントロールもできないことが、多いわけですからね。

これだけ、情報が氾濫《はんらん》している時代です。現実の経験にうまくつながらなければ、以前に比べて、あおられやすくもなっているでしょう。

「自分は、これをしていないから、社会を知らないのではないだろうか。これをしていないから、しあわせになれないのではないだろうか」

そんなふうに、思いこみやすいのかもしれませんし。

▼あなたは、ここで、このような「視点」を手にいれました

「ただでさえ、価値が多様化していますから、共通の前提というものがないなかでは、一回で、合意に達しないなんていうことは、迂回路でもなんでもないのです。あぁ、これでは、周りのやる気を高めることができないんだ、なんていうことでさえも、立派なひとつの発見になるのです」

2 「関係力」という「やる気！」を手にいれよう！

現状否定と、現状肯定のバランスはどうしたらいい？

周りの「やる気」について考えるというときに、管理職としては、

「現状否定」

からはじめてしまう、というときも、ありがちでしょう。

「今のままではダメだ」

という強い意識で、チームをどうにかしていかなければならないときというのが、現実にたくさん出てくるわけです。

「危機」

「外圧」

が、組織におとずれているときというのも、たくさんあるわけですし、そういうと

きに、ついつい、ラクをしたがりがちなビジネスパーソンたちを、「このままではダメだ」という単一の感情にひきつけておくことができるという期間も、当然、あることと思います。

ただし、その単一の感情だけで、うまくいかないときというのも、やはり出てきてしまうものです。

しかし、ビジネスパーソンというものは、緊張や危機だけのなかで、動いているわけではありませんから、ここのところで、

「危機感というマイナスのエネルギーだけで、長く、動きつづけるというのには、限界があるものだ」

と、理解しなければならないところがあります。

ねばり強く、チームが仕事をつづけていくためには、

「この方向にいったら、いいことがあるぞ」

という、希望や目的が必要になってくる、ということなのです。

つまり、これは、個人の方針を述べたときとおなじようなかたちで、やはり、

「緊張」

「目的」

このふたつの往復で、「仕事の持続」というものがおこなわれてくるのです。つまり、組織変革を考えるときには、そのふたつの次元のどちらも利用して、緩急《かんきゅう》をつけなければならないというところがあります。

「外圧を利用して、危機で組織を追いこんでいこう」

というときもあれば、

「もう、これ以上、危機感に訴える場合ではない」

というときもあれば、

「リラックスさせる」

「目的を共有してみる」

など、ほとんど、自己調整をおこなうように、チームの調整を、毎日、チョコチョコと手を加えていくことが必要です。

そのためには、やはり、自分の「やる気」を考えたときのように、いちいち、ノートに、自分のとらえた「周り」や「組織」の「やる気」のおかれている現状や、それに対して自分が考えたことや、そして、そこからひきだす「自分の方針」というものも、一日や二日ではなく、継続して文章で記録して、高めていくべきなのではないでしょうか。

つまり、勝負の世界で生きのこっているかただとか、それから、ぼくの分野でいえば、長期的に生産性の高い学者というのは、「やる気」の自己調整のうまいかたが多いのですけれども、そのかたがたが、ほかの人を指導する立場になったときに、

「自分の方針を押しつける」

ということをしていたら、これはうまくいかないわけです。けれども、

「十人十色の個性に注目して、ひとりひとりが、自分を鼓舞《こぶ》できる人間になるように支援をおこなう」

ということができていたのだとしたら、かなり、成果をあげることができるわけです。むしろ、名選手は名監督にはならないということと逆で、自分の方針を調整したときのようなスタイルで、周りの方針を、周りにあわせて調整していくという作業をやりつづけたのだとしたら、やはり、自分の調整は周りの調整にも生きてくるのではないでしょうか。

ここで、周りのやる気をひきだすことを仕事としておこなっている人の例を紹介しておきます。神戸大学のMBA金井ゼミの出身者で、「行動をかたちにする」という可視化やシステムの設計の仕事で活躍されているかたです。この場合には、「かたちにする」ということで、組織の「目的」や「危機」を、把握するということを、おこ

なわれています。

自らプロジェクト・マネジメントの専門家であるこのかたは、仕事を受注するまでにも、「その仕事を、自分で納得して、自分でやるべきことをかたちにする時間」をとっていることで、仕事に向かう気持ちのブレをなくしたりしています。ときには、自分や周りの動きを、「かたち」や「システム」として、客観的にとらえたほうが、やみくもに迷わなくて済むという、ひとつの例です。

ちなみに、このかたの場合は、実際に、「責任が明らかにされにくい」という日本の企業風土に注目して、「会社の部署の責任を明らかにする」という角度で、「企業のひとつひとつの仕事を、目に見えるかたちにする」という企業研修をおこなうことで、成果を出されていました。

これも、プロとして、「自分の方針」を高いレベルへと磨いていった結果だといえるでしょう。

▼あなたは、ここで、このような「視点」を手にいれました

「周りのやる気の源泉を探ることはむずかしいことですが、たとえば、今は

危ないんだ、と緊張に訴えることが効く場合もあれば、目的に訴えることが効く場合もある……つまり、自分とちがうんだという前提さえきちんと理解しておけば、あとは、自分の方針を探っていったのと、おんなじ手法で、周りのやる気について調査をしたり探求したりすることが可能なのです」

周りがいなければ、生きていけませんから

本書は、自分の「やる気」を深く理解することを、ひとつの大切なテーマにしています。

ただし、周りの「やる気」を深く把握することも、もうひとつ大切なテーマにしているのです。

なぜか?

周りがいなければ、生きていけないからです。

もちろん、周りというのは、厄介《やっかい》な存在になることもあるでしょう。

それから、周りに勝ちたい、と躍起《やっき》になっている最中の人もいるでしょう。

1章では、「自分」の世界を把握してきたのですけれども、すでに、「親しい仕事仲間」が、仕事の「やる気」の源泉なんだというふうに書きこんでいたかたも、いらっしゃるかもしれません。

そういう「親しくなること」についての考えや、「周りとの関係のなか」でこそ、「やる気」が生まれてくるということに、目をつぶっては、ヤバイことになるのではないでしょうか？

実際に、

「自分のことばかりを考えてしまい、ヤバイことになってきた……」

と直面しつつあるというかたも、いらっしゃるかもしれません。

自分の「達成」だけでは、足りないものがあるのです。

実際に、「オーバーアチーバー」という、度を超えて達成したがる人ばかりになれば、組織は、息苦しいものになりがちなのです。

すこし、イメージしてみてください。

「必勝！」

というハチマキをいつも巻いている、スローガンが大好きな中年のオヤジを……これは、気持ちが悪くなりませんか？

生き方のちがいですから、別にとやかくいうつもりもありませんけれども、周りと仕事をしているなかでは、孤立したガリベンの末路《まつろ》、みたいな、「生きにくくなる」という結果を招きかねません。

ですから、「個人プレーが大好き」だとか、「周りはめんどうくさい」だとか、「自分の目的の達成が最高」という傾向を持つ人は（ぼくも、以前はそうだったのですが）、すこしだけ、周りを考えるときには、方針を見つめなおしてみてください。

もしくは、組織のなかで、周りを管理する立場におかれたときに、自分の目的だけではうまくいかないことに、いらだった……それなら、やはり、同じように、方針を見つめなおしてみてください。

たとえば、次のようにとらえてみたらどうでしょう？

個人競技も、コーチや仲間やライバルがいるという「他人の渦中《かちゆう》」にいるからこそ、がんばりが生まれてくるのだから……切磋琢磨《せっさたくま》をおこなうかのように、「周りの能力」も、あげていくほうがおもしろい、と。

あなたは、実社会のなかで、集団競技をおこなっているのです。組織に所属しているのだとしたら、その組織に食べさせてもらっているわけなのですし、組織に所属していないのだとしても、つきあいのある組織に食べさせてもらっているわけですから、周りの能力をひきださないことには、仕事が、うまく回転していかなくなってしまうのではないでしょうか。

そこで、「社会性が豊かなほうが、仕事の達成の割合がおおきくなるし、しあわせで健康的にすごせるのかもしれないなぁ」だとか、周囲をサポートすること、周囲にサポートされてがんばることを覚えるようにならなければ、なかなか、孤立してしまうものです。

と、なんだか、道徳の授業の時間のようなハナシを、ついつい、してしまいましたけれど、今の社会で、ビジネスパーソンは孤立しがちなので、杞憂《きゆう》かもしれませんが、

「孤立が原因で、やる気がなくなっている人もいるのではないか」

と、ここでは、考えかたの転換《てんかん》の余地があるということを、一応、示させていただいたというわけなのです。

▼あなたは、ここで、このような「視点」を手にいれました

「自分にやる気が満ちている人ほど、周りがいることの重要さに気がついていないかもしれません。緊張や目的という動機づけでは、どうにも周りのや

る気を把握できないというときには、周りと孤立しないで、集まることを好む人について想像してみるのもいいかもしれません」

「職場で孤立してしまった……」という人に

職場で孤立してしまった、という人が、どのように思うのかについては、

「かなりツライ」

なのか、

「周りがアホやから仕事ができへん」

なのか、そのへんの実感については、個人差があるのでわからないのですけれども、ただ、周りとギクシャクしていていいことは、そんなにはないわけですから、

「周りとの関わりの問題点を解消しておきたいなぁ」

というかたにも、「周りのやる気」を探るという方法は、オススメしておきたいと思うのです。


周りと意味のある関わりがなければ、「達成」だけに生きるということは、孤立の

道の一里塚《いちりづか》なのかもしれません。

「自己実現」は、あぶないもので、ヘタをしたら、周囲から浮きあがる原因にさえなりかねない欲求です。

だから、1章で、自分の「やる気」を追求して、自分の言葉で方針を高めて、毎日、ぎりぎりの努力をつづけている……という人にとって、もしかしたら、

「孤立」

「周りと、うまく、まじわることができない」

ということは、近々の危機なのかもしれません。

だから、「個人でやること」と、「周りとやること」について、ここで、補足説明を伝えておきたいと思います。

「個人でやること」

だけでは、世界は、まわってゆきません。

これは、「傾向」以上の事実でしょう。つまり、「ひとりが好きです」とか、「周りがウザいよ」とか、それで、仕事をしていてもいいのですけれども、当然、それだけでは、世界に関わることができないということは、意識しておいてもいいのではないでしょうかということです。

「主体的」

「協同的」

このふたつで、なにかを生みだす活動というものがおこなわれているのです。これもまた、

「そんなの、基本じゃねぇか！」

と思うかもしれませんけれど、「自分中心の人ばかりで、職場がおかしくなってしまう」なんていう、現代の職場の状況にかんがみて、念のためにいわせていただきました。


「ひとりでは、人というものは、ものすごく弱い！」

結局、ぼくが、ここで伝えておきたいことは、こういうことなのです。

クドいようですけれど、人間には、

「ひとりでやること」

と、

「みんなでやること」

があるわけです。

やる気が高い人たちが相互に刺激しあいながら集まるのもよし、サボりとケンカを

くりかえしながら道中歩むもよし。ひとりで歩いているのではありません。

このあたりは、おそくとも、三十代後半から四十代になったら、どんなに個人主義の人でも、考えなければならない状況に追いこまれることでしょう。

つまり、

「やる気を、個人で完結させるのではなくて、周囲のどんな人々と、高めていくのだろうか？」

「やる気を、周囲との関係のなかで、どのように、連鎖《れんさ》させていくのか？」

「なにごとかを、だれかといっしょになしとげる、ということを通して、いっしょに働く人たちが後輩なのだとしたら、どのように教育していくのだろうか？」

「ひとりではできないような大きなことを、ほかの人たちを育てながら、どのように、ほかの人とともに成長していくのか？」

このあたりで、「やる気」と「リーダーシップ」の分野が、だんだん、接してくるところがあるのです。

人生をなかばすぎてからも、ねばり強く、「やる気」を高めていくことは大切なのですけれども、それと同時に、中年として、「周りと、どうやっていくのか」が、問われてもくるわけです。

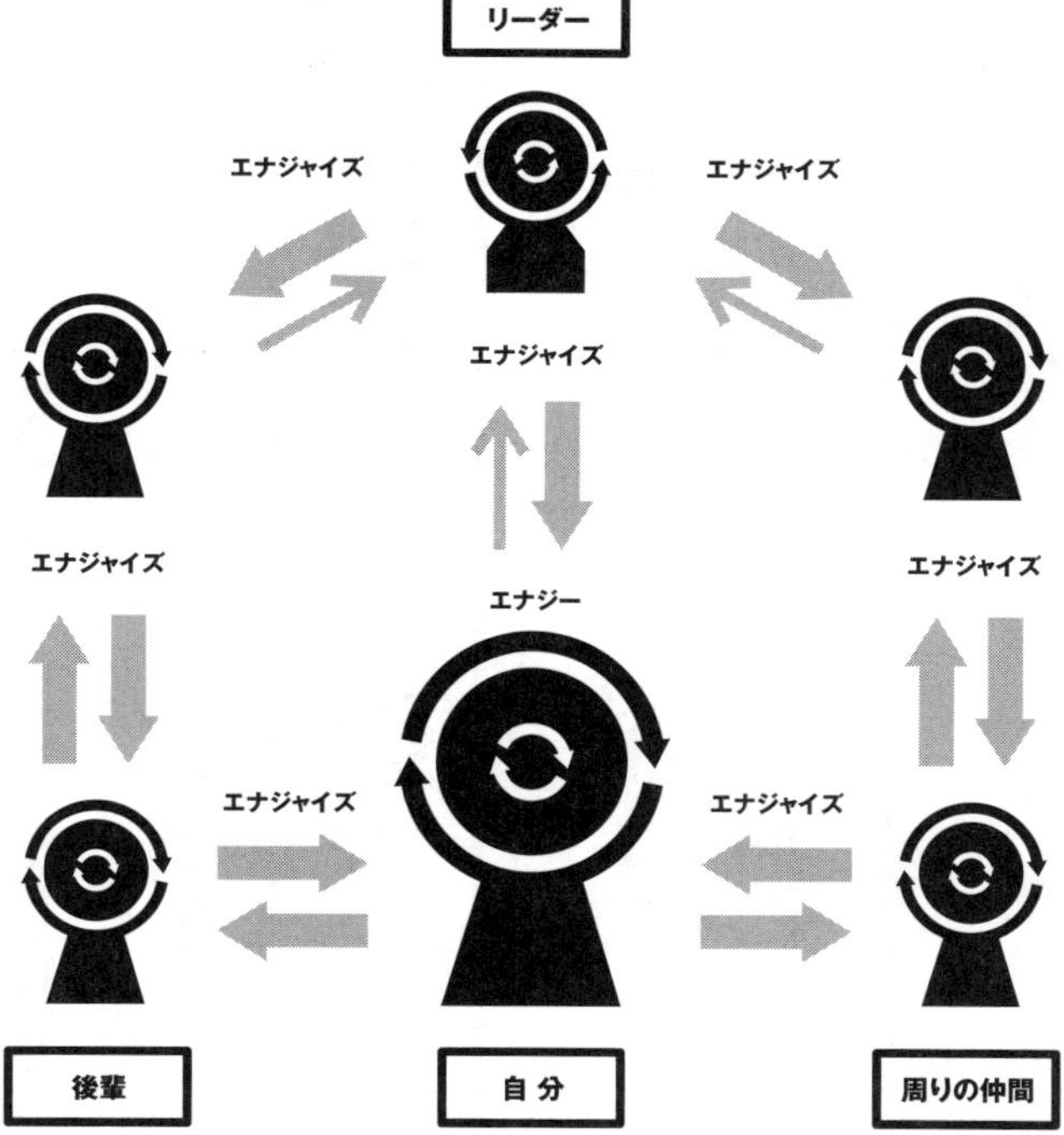

図5　関係力の世界

周りのやる気、リーダーの元気づけが自分のやる気を回す

▼あなたは、ここで、このような「視点」を手にいれました

「基本的に、本書を手にとるような人は、やる気があればいいなぁというぐらいの熱意はあるはずですから、個人のやる気を開拓することは得意なのかもしれません。ただし、人間は、個人では、ものすごく弱いものです。周りのやる気を開拓しないことには、ほとんど、なんにもできないのだということは、わかっておいたほうがいいかもしれません」

「自分勝手なアイツも、成長したものだよなぁ」

若いときには、それこそ、自分の「やる気」を出していさえすればいい、というときがあります。

「幸福な無名時代」というヤツです。

そのときには、自分に成立する「自分の方針」だけを知っていればいいというようなところがあります。

周りに刺激を受けるというときにも、「内容をきいて、納得できたこと」で、すべてというようなところがあるのです。

つまり、自分の「やる気」を刺激するにふさわしい、自分の方針に沿って、ある意味では「せまい」のかもしれないけれども、その自分の方針をマスターしておいて、「あれ？　オレ、落ちこんでいるけど、なんで、そうなっているのだろう……」というときには、自分の方針にもとづいて、診断をおこなって、またまた、テンションを高めていけばいいわけです。

若いときは、かけだしのときは、もちろん、これで充分ですよね。なにより、やる気があることが、求められているのですから。

ただし……三十代、四十代になったら、周囲から求められることは、だんだん、変化してきます。

「自分が元気になるだけ」

では、「自分勝手な人だなぁ」で終わってしまう段階が、なぜか、きてしまうものなのです。

「周囲を、元気にしてあげることができる人」

に、ならなければならない。

「オレがイチバン」

で、生活をやりつづけたとしても、なんらかの共同体の一員になるなかでは（個人の仕事も、どこかの共同体との関わりなしでは、金銭をもらえませんよね）、

「周りのやる気」

を、考えざるをえないのです。

「周りとともに、なしとげること」を、うまくできなければ、困ったことにもなりかねません。

ただし、若いときにイケイケで、「管理職？　なりたくねぇ！」という人も、変化していくことは可能なのです。

ぼくは、中高時代のある同級生と再会したときに、

「あ、コイツ……ガリベンで、自分のことしか考えていない人で、イチバンが大好きだから、実際、そのとおりで中央官庁のキャリア組になって、トントン拍子に出世をしたけれども、なんか、変わったなぁ。なぜか、コイツが、次の世代だとか、国のことだとかを、本気で考えているじゃないか……」

と思ったことがあります。そのことを率直に伝えたら、

「まったく同じことを、オマエに対して思っていたんだ。自分勝手なオマエなんかが、

経営学なんてやっているというから、『こら最悪やで』と思っていたけど、いつのまにか、かなりまっとうになったなぁ」

と言われたこともありました。

そいつにいわせたら、ぼくも、ある程度、「オレが、オレが」の人だったらしいのですけれど、たしかに、中年になってきたら、

「がんばること」

は、もはや、自分だけの問題ではなくなるものです。

「世界や環境や周りとのつながりで、がんばっていかなければならない」

になるわけです。

若いころには、ワガママでガリベンで点取り虫でも、ある程度は許されますし、また、そうでなければ、できない達成というものもあります。

ただし……次第に、同じ「達成」とはいっても、自分の周囲も含めた「達成」や「充実」が、求められるテーマになってくるわけです。

フロイトは、心理的に健康な成人の条件を、カンタンに、

「愛を抱くこと」

「はたらくこと」

のふたつとしましたが、ほんとうにそうだろうなぁ、というところもあります。

「愛を抱くこと」は、周りがいなければできないわけですから、ここが、中年以降、ずいぶん重要になるのだと考えて、シフトしていってもいいのではないでしょうか。

▼あなたは、ここで、このような「視点」を手にいれました

「四十代以降、管理職になりきれない人の悲劇、というものを見かけることがあります。でも、自分のことしか考えていないという段階をすぐに脱することができたのならば、がんばることを、自分だけの問題としてとらえなくなるもので、ずいぶん、ラクにも、おもしろくもなるものなのです」

なんのために、はたらいているのだろうか？

「なんのために、はたらいているのか？」

これは、どの時代も、どの年代も、問題にしていることです。

あなたも、もしかしたら、そんなふうにつぶやいてみたくなるときが、あったかもしれません。

当然、自分や周りの「やる気」を追求するときにも、この問いは、関わってくることが多いものです。

ここでは、あなたにとって、「やる気」を考えるための参考になるように、ひとりの研究者の理論を、紹介してみましょう。

ひとりの研究者というのは、シャインさんという、アメリカの経営学の研究者です。もともと、心理学をやっていたのですけれど、経営学にそれを応用したというかたで、ぼくの、マサチューセッツ工科大学における師匠のひとりでもあります。

このかたは、人間がはたらく動機について、歴史的に経営学がどう把握してきたかの観点を、順番に、提示しました。

まず、はじめに、「おカネのためにはたらく」という観点。非常に、わかりやすいですよね。そして、次は、「ある集団に所属するためにはたらく」という観点。こちらは、集団に依存して埋没《まいぼつ》する個人を念頭においたらダメだということで、すぐに、「自己実現のためにはたらく」という観点も出てくるのだ、と、カンタンにいえば、シャインさんは、そのように、過去の経営学の「なんのためにはたらくのか」のモデルを、説明していたのです。

そして、シャインさん本人は、過去のそういういずれもの「なんのためにはたらくのか」を超越《ちょうえつ》した立場を選択したのでした。

「人間は、もっと、複雑なんだ。人間のはたらく動機は、一筋縄《ひとすじなわ》ではいかないものなのだし、そのときどきの環境や状況で、どこがどのように変化するか、わからないものだ。だから、自分の方針を持つことこそが、複雑な世界のなかでは、必要で重要なのである」

みたいなことを、シャインさんは、言っていたわけですね。

そこでは、「自分はなんのためにはたらくのか」についての自分の観点を持つことも必要だし、「周りはなんのためにはたらくのか」についての自分の観点に広がりと深みを持たせることも必要だし、ということになるのです。

つまり、複雑ではあるけれど、複雑さを、そのまま放置して流れるにまかせておかないという方針をとったのが、シャインさんの研究成果なのです。

そこでは、「自分にあてはまらない方針は、カスだから、捨てちゃえばいい」ということにはなりません。

「自分には、あてはまらないのかもしれないけれど、周囲には、あてはまるかもし

れない方針というのは、ある程度、世界を説明するためには大切なのです」

ということを、シャインさんは、提唱したわけです。

> **▼あなたは、ここで、このような「視点」を手にいれました**
>
> **「自分にはあてはまらないかもしれない方針、というのも、カスではありません。それこそが、周りや世界を説明するためには、大切なのかもしれないのですから」**

「周りのやる気を高める」＝「リーダーシップをとる」

周りの「やる気」を高めるということは、ほとんど、「リーダーシップをとる」ということと同義語でもあります。

ここからは、

「リーダーシップをとらなければいけなくなってしまったけれど……なんかうまくい

かないんだよなぁ」

と思っている人に対して、リーダーシップについての基礎知識を、カンタンな、学術用語をまるで使わないかたちで、示してゆきたいと思います。

本書は、シンプルに、今日から使えるものというのを目指していますから、学問の細部にははいりこみませんけれど、もしも、学問的な変遷《へんせん》だとか、だれがどの学説をどう展開したのかを知りたいという場合には、ぼくが以前に書いた『リーダーシップ入門』（日経文庫）を、読んでみてくださるとさいわいです。

じつは、ぼくは、「組織行動論」というものを専門にしている以上、「リーダーシップ」について考えることが「ライフワーク」にもなっています。ですから、ぼくの個人的な方針の「大きな絵を描いて、周囲をまきこむ」というのは、これが学問に直結して、ぼくにとっての「リーダーシップ」の定義にもなっています。「組織行動論」の数あるテーマのなかで、もっとも前向き、能動的なのがリーダーシップ論です。

もちろん、このリーダーシップの定義をいかに発揮しているのかについては、もう、上には上がいすぎるというぐらいに、人によって程度がちがうものです。

キング牧師やガンジーやルターにまで至ったら、それぞれの方針は、「世界を変えるほどの大きな絵」にまで、高められていますから。

ところが、たとえば、ネルソン・マンデラさんなどもそうであるように、「大きな絵」を持っているかたも、はじめから、生まれつき、そうであったというわけではないところが、ポイントなのです。

いろいろな経験を経て、スケールの大きなリーダーシップをとるようになった……つまり、革命に近い変化を起こした偉人たちでさえそうなのですから、実社会のリーダーシップをとるときには、はじめから、うまくできるなんていうことが不可能でも、ほとんど当然のことなのです。

そして、本書で、リーダーシップを鍛えるために必要だとしていることは、じつは、もうすでに出てきている方法論でおこなうことができるのです。

「自分のリーダーシップ論」

を作りだして、実践するという、ただそれだけなのです。

つまり、「周りのやる気」について、文章で何回も何回も書きなおして、訂正《ていせい》を加えて、前進をしながら、「周りのやる気」を出すことに、うまくなっていきましょうということなのです。

これは、「そんなに、うまくいくわけがねぇだろ！」と思うものかもしれませんけれども、ほんとうに、周りのあつかいに困っているのなら、まずは、数分間でも、

やってみてください。

周りの人に発言をしているときの、自分自身というものは、じつは、そんなには、客観的に見られていないものなのですから。

こんなふうにして、ペンか鉛筆で、コリコリと周りについての自分の観察を書いていくことは、ほんとうにささやかで、だれでもできるものなのですが、これは、「周りのやる気」について探しもとめていく、ささやかだけれど、意味の深いものになりうるものなのです。

そして、自分の観察を書いたものだとしたら、机上《きじょう》の空論《くうろん》にはならないものなのです。リーダーシップを、自分とかけはなれたものだとは、考えないほうがいいのです。昔から、自分のおこなったことで、周りに賛同してもらえた経験がいくつかあれば、それは立派に、もう、リーダーになった体験なのですから、たいてい、いくつか経験をしているはずです。

ちなみに、経営学のなかでは、「リーダーシップ」というものは、もっともよく研究されてきたテーマでもありながら、同時に、「まだわかっていないことがもっとも多い領域」ともいわれていて、奥の深いテーマなのです。

つまり、まだ説明されていない、わからないことばかりで当然なのですから、そして、説明されるまで、学説が成熟するまで待っていたら、仕事が終わってしまうかもしれないのです。それなら、これは、実践の渦中で、自分で状況を判断しながら、「周りの行動についての、自分の方針」を、生みだして、作っていくしかないところがあるのです。

そうなれば、自分の関わる組織の過去をのぞきこんでいくことになります。当然なのですけれど、過去が現在を作りだしているのですから。

▼あなたは、ここで、このような「道具」を手にいれました

「周りのやる気を文章で考えるということは、いいかえれば、周りの行動についての自分の方針を生みだすということです。文章を書けば書くほど、あなたは、周りを理解してゆくことになります」

「その気」になれば、人は自分で動いてくれるもの

管理職になれば、周りをもりあげること、「関係力」をみがきあげることが、仕事の中心になるのではないでしょうか。

ここでは、「周りのやる気」をひきだすための、「周りのやる気」についての自分の方針をまとめる助けになれば……と思って、具体的に、数人のかたに、周りのやる気について、どのような方針を持つのかについてうかがって、本書の方法にしたがい、まとめてみることにします。あなたの方針を書く手助けにしてみてくださいね。

まず、はじめに、ある大手書店の店舗の中心スタッフをされているBさんにうかがった話からです。本屋さんではたらくこと、というのは、たいてい、

「わたしは、この本の、ステキなＰＯＰを作ったから、何冊、売れました！」

というようなことが伝説にもなるのですが、今回、お話をうかがったBさんは、方針として、

「スタッフひとりひとりの担当している棚《たな》の売りあげがあがるかどうかよりも、大切

なことがあります。大切なのは、全体なのです。店舗の全体の売りあげが伸びなければ、意味がないところがあります」

というのだそうです。

「ぼく自身の『やる気』は、正直な話、『店がもうかること』に左右されています。成果が出なければ、貢献《こうけん》できているか、見た目でわからない。どれだけ実働量が増えたとしても、工夫をかさねたとしても、成果があがらなければ、ぼくは、気持ちがあがらないのです」

という管理職のかたなので、

「店の全体の魅力がなければ、あきませんねぇ」

と、おっしゃるのです。

「電車で、ウチのカバーをつけている本を読んでいるかたをながめるのが、うれしいんですよねぇ。一冊、たまたま、ウチで買って、それで、通勤電車で本を読むことにハマっていただく……こういうことが、うれしいんです」

こんなふうに、管理職ならではのお話をしてくださいましたが、このかたも、はじめは、なかなか、店全体のことなんて、考えられなかったのだそうです。

「若いころ？　自己満足で終わってしまっていました。今は、だからこそ、『それって、自己満足ちゃうの？』と若いスタッフをからかっているんです。前の自分のようだから。自己満足で終わっているときというのは、じつは、『やる気』もあがっていないんです。行動が結果につながっていないですから。結果につながる、全体につながるというのは、ヘンな話ですけど、自分の経験でいえば、『本を好きになること』なんですよね。それが店全体を活性化する。それがなければ、店の全体はちっともよくならないのです。

ですから、今、ウチは、アルバイトを含めると約四〇人、実質のチームメイトは十数人というスタッフに、いかに本を好きになってもらうか、が勝負なんだと思うんですね。

本がキライな人がはたらいているというのが、いちばん、仕事のさまたげになるし、魅力のある本屋にしたいというハナシをしても、本を読んでいなければ伝わりようがないわけです。スタッフが本を好きでなければ、なんにも動かない。そんな人たちを見て、スタッフなんてアホばかりなんや、と個人プレーをやろうとしても、個人でやれることなんて、タカが知れているわけです」

労働量が多いのですから、チームでまとまり、パスをつないで、連携《れんけい》プレーをおこなってナンボで、してもらいたいことはあれこれあるけれど、だからこそ、基本は本を好きになってもらうこと、とシンプルにとらえたほうがいいのだ、とBさんは話していらっしゃいました。

「本を好きになってもらうことに成功すれば、あらゆるものが成功する。まずは、ハナシが通じるようになるわけです。

『これを読んでもらった人には、これも読んでもらうことにしよう』と、話題の本の作家の初期の作品を集めたり、なんて、本を好きでもなければまかせられませんから。『今、コレを読んでへんかったら、本屋として恥ずかしい。なぜなら、コレが今年の基準だから』とたきつけることもあれば、『コレを読んだ感想を、飲みながら言いあおう。でも、おたがい、悪口をいうことはナシで』と、悪口などで空気がダメになることだけをとりのぞいたら、うまく、研究会みたいなこともできるわけです。

そうなれば、棚をまかせたら、みんな、かなり、やってくれるようになるので……もちろん、熱意に水をさしたらあきませんけど、当然、『みんながみんな、キミがいいと思ったものを好きになってくれるわけではない』ということを伝えてあげなければ、文芸の担当は年齢と性別と趣向がかたよるチョイスの棚を作ることもありますから、そのへんは、注意をしていますけれど。

本屋は肉体労働も多いですし、お客さんの便利屋さんみたいにならなければいけないですし、本を好きになってもらわなければキツイところがあるんです。ただし、自分の経験では、本を好きになってもらったら、自分から動いてくれるようになるので、売れるようにもなるし、本を好きになってもらったら、おもしろくなってくる……それを進めていくために、売りあげをグラフで出して、ほら、今月、一緒にがんばったやろう、と示していきます。まぁ、そんなふうにやっているので、みんな、夜は残って自分の仕事を自発的に進めたり、「家で冊子を作ってきました！」なんていうふうになるわけです。じつは、勤務時間だけで魅力的な本屋さんを作りあげることは、なかなかできないんですよね。勤務時間以外に、どれだけ、本のことを思ってもらえるのか、『これをやってみよう』と思いついてもらえるのかが、勝負みたいなところがあります」

このあたりのハナシを、まず、四〇〇字でまとめてみると、次のようになります。

もう、おわかりかもしれませんが、活気のある店をデザインするために、このBさんの場合は、

「本を好きになってもらう」

という「ひとこと」で、スタッフのやる気をひきだそうとしているわけです。

そこまで、シンプルに、周りの「やる気」をひきだすきっかけをつかんでいれば、

・Bさんの「やる気！シート」

　本屋の成果は店全体の売りあげである。店全体の売りあげがあがれば、自分は管理職として成果があり、やる気が生まれる。店全体の売りあげがあるには、店全体の活気をあげなければならない。本屋の運営は個人プレーで売りあげる冊数なんてタカが知れている。数十人のスタッフは肉体労働がキツいのだから、自発的にイキイキはたらいてもらわなければ他店より魅力的な棚は到底できあがらない。本を読んでもらわなければ、本の商品の魅力を伝えられない。出版社や作家をまきこんだフェアもできようがない。だから、本を読んでもらわなければならない。本を読んでもらい話が通じるようになるためには、本を好きになってもらわなければならない。本を好きになってもらいさえすれば、自分の棚を作ることがうれしくもなる。販促物を作るのもたのしくなる。好きな本が売れたときによろこぶことができる。結果的に、売りあげをグラフでとらえることもたのしくなる。

やる気！のひとこと

本を好きになってもらう

方向がブレにくいですし、方向を転換させるときは、「ひとこと」を変化させればいいわけですから、「周りのやる気」の調整をおこないやすくもなりますよね。やっていることを「好きになる」は、松下幸之助さんが指導者の心得としてあげたことのひとつでもあります。

このような過程で、あなたは、「関係力」という武器を手にいれることができたと思います。

▼あなたは、ここで、このような「道具」を手にいれました

「具体的に、人を束ねる立場になって、周りのやる気を、全体の方針に沿ってあげていくためには……と考えたとしても、まず、はじめにやるべきことは、しっくりとくるひとことに、方針をまとめていくことなのです」

3 「基礎力」という「やる気!」を手にいれよう!

いくら「目的力」や「緊張力」があっても……

1章で「目的力」と「緊張力」を、この章で「関係力」を手にいれましたが、次に、自分の「やる気」はもちろん、周りの「やる気」をあげるためにも、「基礎力」という武器を手にいれてゆきたいと思います。

「基礎力」とは、それが満たされていない状況では、そもそも、なんにもできないかもしれない、といったものです。

「生活基盤力」といってもいいでしょう。そもそも、それがないと、やる気そのものが起こりにくいという意味では、やる気の土台（モチベーションのファンデーション）とも呼んでいます。

それが欠けているというのは……体調が悪いだとか、保証人としてハンをついたため思わぬ借金を背負うことになったりとか、人間関係でモメているだとか、家族に心配があったりとか、「やる気」以前の問題でモヤモヤしていて、仕事に邁進《まいしん》できないような状況のことです。生活の土台がグラついているから、なかなか、集中すべきことに集中できないという……。

つまり、「基礎力」とは、本書においては、体調管理や環境管理をできるような力のことを指すのですが、この武器がなければ、人生の危機をのりこえることはなかなかできないのです。

この「基礎力」がいかに重要かということは、これまでの例で登場した人たちからも証明されます。たとえば、弁護士のAさんの「やる気！ チャート」（六九ページの図4）を見ると、一番どん底にあるのは、試験に落ちた時期ではなく、「お父さんが亡くなられたとき」です。こういうときは、いくら彼が「目的力」でやる気を引き出すタイプの人であっても、気持ちを高めるのは困難です。

また、先の書店員のBさんであれば、自主的に、最初から「やる気！ チャート」にふたつの線を引いていました（図6）。「仕事（子どものときは勉強）のやる気」度合いと「プライベートでのいきいき」度合いの二種類です。ぼくが、とやかく言わなくても、「プライベート」、つまり「基礎力」のもうひとつの重要な要素を重要視されて

図6　Bさんの「やる気！ チャート」

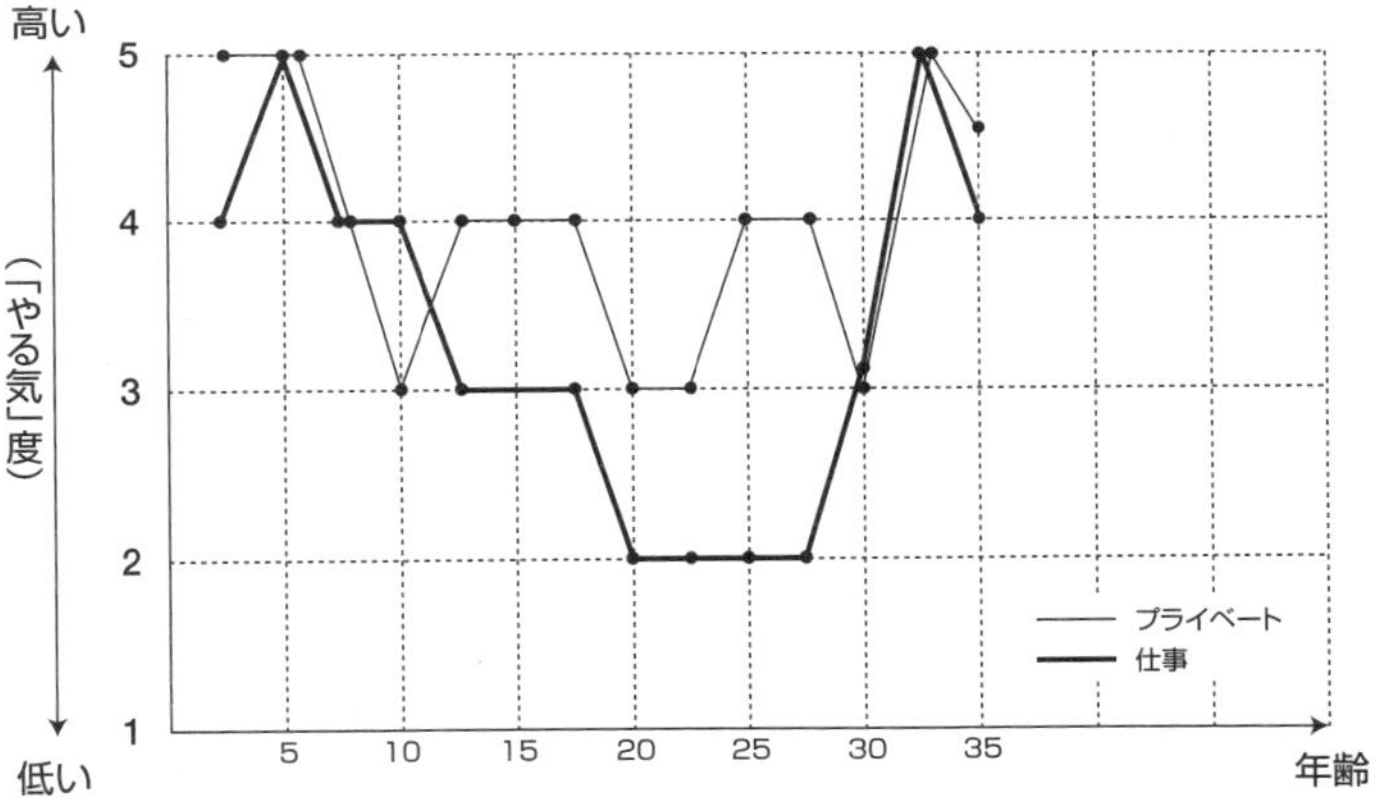

いました。この図を見れば明らかですが、仕事でのやる気がどんなに落ちこんでいても、プライベートのいきいき度は高いです。Bさんの場合、「関係力」が、やる気の源《みなもと》だったのですが、関係力によって左右されるのは、基礎力がしっかりしているからこそだったわけですね。基礎力があってこその、目的力、緊張力、関係力だというわけです。

周りの仕事を、「見えるかたち」の文章で把握するということ

「基礎力」をきちんと手にいれるためにも、次は、勝原裕美子さんという聖隷《せいれい》浜松病院の副院長と総看護部長をされているか

たに登場していただきましょう。勝原さんは、神戸大学大学院経営学研究科の金井壽宏ゼミの出身者です。

今回は、これまでとちがい、約一時間ぶん、うかがったお話を、まず、長めの文章にまとめてみるというところから、はじめてみましょうか。

「周りのやる気」を、出していかなければならないのだけれど、どこから書けばいいのかわからない、という場合は、こんなふうに、まず、自分の仕事の細部から、思いついた順番に、長めでかまいませんから、書きだしてみるのも、ひとつの方法なのですということを、伝えたいなぁと思いました。

(勝原裕美子さんの談話より)

「大学の英文学部を卒業して、三年半、百貨店で勤務しましたけど、医療に関する勉強をしたくなり、看護学部に入りなおしました。当時、全国に看護系の大学が一一校しかなかったけど、今は一七〇ほどある……というところからわかるように教員が足りなかったので、一年の臨床経験後、大学教員に誘われました。看護管理学という、ナースを支える、あるいはナースをとりまく環境を整えることをおこなう学問を担当することになりました。

もともと百貨店にいたせいか、『看護は売れるなぁ』と思っていました。『こういう発想を導入すれば、もっと現場でラクに動けるのになぁ』と思っていたので、看護管理学の教員は合っていたと思います。十三年間、教員をするあいだに神戸大学大学院経営学研究科の修士課程と博士課程を出て、『看護の力を目に見えるかたちに表現して、看護の価値を高めて、看護の環境をよくしていくこと』というひとつのテーマで、仕事をしてきたのです。

看護師は、私が看護管理学の世界に入りはじめたころ、『キツい、キタない、キケン』の3Kにとどまらず、7Kとか11Kとか言われていました。しかし、看護は人間のいるところには必ず存在する価値のあるものです。だけど、過小評価されやすいし、価値が見えにくい……医者なら、オペをした、クスリで熱がさがった、と『おかげ』がわかりやすいんだけど、看護は、『笑顔がキレイだった』『背中をさすってくれて、やさしくしてもらえた』という印象しか残らないものです。そこはもったいない。『看護の価値を社会の価値に』というのが、私のキャッチフレーズになりました。たとえば、ハナシをきいてくれたから気分がラクになったことさえも、かたちにはなりにくいけれども立派な価値でしょう? そういう、おこなったことが目に見えるように、しかし、自慢たらしくならないようにアピールしなければいけない。生活や生死に不可欠な看護の視点で商品を作ることもできるし、アイデアを知的財産として売ることもできる……医者の助手とか笑顔のイメージだけでなく、自分の足で立って商売ができるところまで発信できたらいいなぁと思うのです。

看護師は、九六％が女性という集団です。当院はさらに比率が高いのですが、日本全国で九六％の女性の集団をこれだけうまくコントロールできている歴史は、どこかに応用できるのではないでしょうか。お産、育休、夫の転勤……なんだかんだありながらも、長く継続して気持ちよくはたらいてもらう方法を各病院が工夫しているのだから、おそらく、ヨソの組織でも通用するのではないでしょうか。いろいろなライフイベントをきっかけに退職や離職を考えている人たちが多い業界のチカラにもなれるのではないかなと思います。

看護の立場から発信していかなければ、いくらやりがいがあっても、キツい環境で看護師さんがヤメていく連鎖がとまらなくなる。患者さんに向きあう姿勢はピュアで謙虚な人が多いし、仕事に誇りを持つ人が多い。それなのに、しんどいけれど、給料は安いままというのでは報われません。

病院は年中無休で稼働《かどう》していてミスが許されない。看護師にはリセットする時間がなかなかない。同僚のだれかは常にはたらいているから、職場の雰囲気がリセットされることがないし、チームの関係性が密接になるから空間も閉鎖的になりがちで、限られた空間のなかで勤務交替しながらはたらいている環境では、ほんの『ひとこと』が、大問題にもなりかねないのです。その環境ではたらく看護師さんのケアも、おこなっていきたいなと思います。

新人看護師へのケアとしては、先輩が、『やってはいけないリスト』というものを職場に配布しています。

看護師は『これをやるべき』といわれたら一生懸命にやるものですが、むしろ、新人に対しては、これだけはやったらいけないといわれたほうが合点《がてん》がいくわけです。また、今の病院では、今年に入った一〇九人の新人の全員に、病院に来てギャップを感じていることはないか、先輩との関係は良好か、職場長になんでも言えるか、困ったことがあったときに相談する相手がいるか、いちばんつらい経験はなにか、というような匿名《とくめい》も可能なアンケートに答えてもらいました。そして、職場長に読んでもらい、コメントをもらい、それを一八ページの冊子にまとめて新人に配りました。新人を全面的にバックアップするし、先輩や職場長にいえないときは私のところに来てくれたら、秘密は守ってききとるという姿勢を示して、不満をそのままにせず、かたちにしてもらうことをしています。看護師は、仕事に行き詰まったときにだれかに、思っていることをいうべきなのではないですか。いわなければ、自分が悪い、他人が悪い、組織が悪い、と恨みがたまり、深みにハマっていきますから。ボーイフレンドでもいいから伝えてね、というアドバイスはしているつもりです」

ここには、さまざまな仕事の内容も事情も含まれていますが、こんなふうに、長めの文章を書いてみて、それを、だんだん短くしていくというかたちで推敲《すいこう》して、自分の立場で「周りのやる気」をどうすればいいのかという視点が、見えてくることもあると思うのです。

たとえば、勝原さんの場合は、「周りのやる気」というときの「周り」が、まず、仕事の種類からして、「看護師全体」と、「自分の病院の看護師」になるわけです。

そして、「看護の価値を、目に見えるかたちにして、社会の価値にしたい」という自分の方針も見えているのですから、そこのあたりを「軸」にして、たとえば、次のように四〇〇字で短くまとめることもできます。

この四〇〇字は、あくまで、例ですけれど、周りとどうかかわるかの文章も、こんなふうに、長いものを、だんだん短く、としていくことで、自分の道具にできるとこ

・勝原さんの「やる気！シート」

　自分の仕事は、看護の力を目に見えるかたちに表現し、看護の社会的価値を高め、看護の環境をよくすることと。看護は人間に不可欠な価値があるのに過小評価されやすいから、価値を目に見えるかたちにする。生活や生死に不可欠な看護の視点で商品を作り、アイデアを知的財産として売り、商売ができるところまで発信できたら看護師の社会的価値を高めて給料をあげられる。そうでなければキツい環境で看護師がヤメる連鎖がとまらない。大半が女性という集団をうまく運営している歴史は他分野にも応用でき、お産、育休、夫の転勤……退職者や離職者の多い業界のチカラになる。病院は年中無休で稼働してミスが許されず、看護師にはリセットの時間がないから空間が閉鎖しがちで人間関係が大問題になりかねない。だから看護師の環境は人間関係のケアが必要。不満をかたちにして伝えてもらうことを徹底させると共に、アンケートなどで不満を吸いあげなければならない。

やる気！のひとこと

看護の価値を社会の価値に

ろがあるのです。

ここからは、

・看護師の社会的価値をかたちにする

・現場看護師の不安への対処法をかたちにする

という、「周りの仕事の詳細をかたちにする」という方針を、読みとることができますよね。

もちろん、看護というシビアな世界なので、「目的力」や「緊張力」が現場の「やる気」を大きく左右します。ただ、「目的力」や「緊張力」の度合いが大きいほど、いっそう、それを支える土台となる「基礎力」がしっかりしてなければいけません。勝原さんの場合、現場の看護師の人たちに「不満はどんどん言ってね」とコミュニケーションをとることで、現場の人たちの不安を軽減するというかたちで、周りの「基礎力」を整えているわけです。そして、そのことによって、周りのやる気をひきだしてもいるのです。

周りの人の基礎力を高めることは、管理職やリーダーといわれる人には、とても大切なことなのです。ましてや体や心の健康を気づかう病院が職場なのですから、なおさらですね。

▼あなたは、ここで、このような「視点」を手にいれました

「実際に多数の周りのやる気を奪わないようにするためという視点からは、やってはいけないことをまとめてみたり、不安をまとめてみたり、というような、こうしたらやる気も結果も出ないんだという『べからず集』を作ることも、意味がある場合があるのです」

4 「言葉力」という「やる気！」を手にいれよう！

「自分のカン」に、耳をかたむけてください

すべての「力」を手にいれた、というところで、「自分のやる気」にも「周りのやる気」にも、どちらにも関わる、「自分の方針」を深めるための話をしていきます。

「オレの方針なんて、たいした裏づけがないんだから……たいしたこたぁないだろう？」

と思いがちなのはわかるのですが、じつは、どんなにエラいかたがたの方針も、ほとんど、はじめは、「裏づけ」なんてない、「直観」や「カン」に近いもの、なのです。

これは、経営学でたくさんの実業家のフィールドワークをしていて、実感していることなのですけれど、

「やる気」

の世界のおもしろいところは、まさにここにあります。

「やる気」

「気持ち」

「熱気」「情熱」「熱意」

これらのものは、どうしても、完全には、語ることができないものです。

つまり、科学的に再現可能なかたちで、

「はい、コレが『熱気』です」

と、まるごと、ポンとさしだすことができるものではありません。

文章や映像に、「熱気」を、とじこめることはできるかもしれませんけれど、それらは、「今、ここにある、『やる気』という、かたちのないもの」ではないわけです。

しかし、それでも、人は、不完全にしかとらえられていない「熱気」や「情熱」というような道具を、使用しつづける生きものなのです。

だから、「やる気」については、「論理的な根拠があるメカニズムを知る」というのもいいのですけれど、

「自分には、どんなふうに、ワケのわからない感情の傾向があるのだろうか」

と、自分自身の傾向を、具体的に把握することのほうが、実際に自分を動かすものになることが多いのです。えらそうに書かれた理論以上に、自分にしっくりくる言葉で記されたもののほうが身近です。

そこが、ぼくが専攻とする「組織行動論」を考えていくうえで、

「やればやるほど、奥の深いものだなぁ」

と、いつも、おどろかされるところなのですね。

「自分の方針を把握すること」

「無意識の方針に気づくこと」

には、それなりの「原料」が必要なものなのですが、ただし、たとえば、ぼくのいる学問の世界では、研究は、当然に、理論の根拠を出してはいるものの、たとえば、経営学のほとんどの理論は、はじめは、

「自分のカン」

という「原料」から、仮説を立てて、研究をすすめていくなかで生まれてくるものなのです。

ですから、研究にしても、

「自分の腑《ふ》に落ちたかどうか」

というような、感情的なところから出ているものが大半なのです。

「いやぁ、なんだか、不安で不安で、たまらないんですけど？」

という人も、

「ここのところの欠点は、自分でも、『ほんとにしょうがないなぁ、ダメだなぁ』と思えるところがあるにしても、まぎれもない、自分自身の現実の傾向を分析したうえで出てくる方針」

というものは、おそらく、自分で具体的に言葉にするうちに見つけることができるものです。

そして、やはり、

「理想だなぁと思うし、そうなりたいけど、どうやら、自分には実現できないかもしれない他人の方針の受け売り」

よりも、ローカルでパーソナルでタイムリーな方針（「持論」）であるぶんだけ、

「グッとくる」（やる気を刺激して、自分を奮《ふる》いたたせることができる）

というか、

「ホッとする」（自分の状況を知り、今はこれでいいんだと安心できる）

というか、それ以上でもそれ以下でもない、**等身大の自分の方針こそが、自分を現**

実的に具体的に動かしてくれるものになるのではないでしょうか。

▼あなたは、ここで、このような「視点」を手にいれました

「遠くにある、だれかのかっこいい方針ではなくて、等身大の自分の方針を練りあげることこそが、自分を具体的に現実的に動かしてくれるものになるのです」

「自己理解」が「自己調整」を導いてくれる

「やる気」って、ブレも、ムラも、あるものです。

「昨日は、がんばったけど、今日は、どうもさえないなぁ！」

「午前は、さえなかったけど、午後に、エンジンがかかった！」

だとか、

「うわぁ、今日は、しょうもない会議があるなぁ！　正直、避けたいなぁ」

というような、ちいさい落胆があるかどうかでも、人間はずいぶん変化します。

たとえば、自分の抱えているプレゼンが大成功したかどうかに、のちの仕事のノリは左右されたりもするわけです。

ちなみに、本書は、つねに、

「やる気を、極限まで出しきること」

を目的にする読みものではありません。

「え？　それじゃ、意味ねぇじゃん！」

と思ったかた、もちろん、「やる気を出すための刺激」は充分にしていきますから安心してほしいのですけれど（3章は、わりと、すぐに『やる気』を与えてくれるタイプのまとめかたをしています）、

「刺激」

以上に大切なのは、

「理解」

なのです。

「浮き沈みのある『やる気』というバケモノのようなものと、どのようにつきあうのかという、管理方法を把握すること」

が、「熱意のアップダウン」にふりまわされている自分を助けてくれるものなのだと考えています。

「やる気」

と、うまくつきあうこと、を求めているわけです。

ぼくは、以前に、モチベーションについての本をしあげるときに、子どもと、こんな話をしたことがありました。

「受験勉強、ようがんばるなぁ」

「父さんは、いま、なにやっているの？」

「モチベーションの本を書いているんだけど……まぁ、正味なハナシ、モチベーションがなくてなぁ」

「モチベーションの本を書いている人が、モチベーションがないって、そんなんいったら……その本、だれも読まへんで」

そのときに、気づいたんです。

あぁ、そうか、自分が書きたいのは、やる気を、アホみたいにドバドバ出させるための本ではないんだ、と。

「やる気がなかったら、ダメだ！」

「オラオラ、オレについてこいや！」

なんていいきっちゃったら、ほとんどの人を否定することになりますからね。

それに、やる気の本を読んで、

「うわぁ！　みんながみんな、やる気が高まりすぎちゃったぁ」

となったら、それはそれで、かなり「エライこと」になりますよ。

日本中が、鼻血を出すほどやる気が出てしまったら、日本中が、

「生きいそぐ」

ということになってしまいかねません。

つまり、この本を読んで、

「あぁ、なるほどなぁ」

とわかることは、おそらく、

「人は、落ちこむこともあるし、高揚《こうよう》することもあるし、やる気を高めるために効くセリフにも、それぞれ差があるものなんだ」

ということです。

「だから、自分の『やる気』を把握する文章が必要になる」

ということが導かれてゆくのです。

つまり、

「やる気がアップダウンするプロセス」

を知っておいたら、うまくつきあうことができるかもね、と思うのです。

健康のためには、ちょっと、やる気がないなぁというときには、うまく休息をとることも必要なのですから。

「アップダウンがあっても、だいじょうぶですよ」というのが、とくに、疲れやすくなりはじめている現代社会で勝負をしている人には、かけてあげたい言葉なのかもなぁ、と思うのです。

やる気がありすぎて、そのうちに、疲れて死んじゃうだとか、やる気がなさすぎて、なにひとつやらないだとか、そういう極端な人ばかりではないんですから。

むしろ、やる気の自己管理に必要なのは、

「なんで、やる気は、あがるのか、なんで、やる気は、さがるのかという、その転換点について理解しておくこと」

でしょう。

「昨日よりもふてくされていたのは、なんでだろう？　たぶん、朝、会社にくるなり、アタマごなしに『テメェ、なにやってんだ！　どつくぞコラァ！』と、上司に文句をいわれたからだっけなぁ……」

というように、ふりかえったら、いちいち、理由があるわけです。

がんばることができるように、だけではなくて、どうしても、がんばれないときには、焦《あせ》らないですむように、本書を利用してほしいと思うんです。

本書は、「自分の方針」を言葉にする方法を提供しますから、「やる気」が出てくるような、

「興奮剤」

の役割もはたしますが、同時に、「やる気」のない状態を許容するような、

「鎮静剤《ちんせいざい》」

の役割もはたします。

というのは、1章で、「転機」には、「希望」と「不安」がありありとあらわれてくるといいましたが、

「希望」「好調」「興奮」

を呼びさますというよりは、

「不安」「緊張」「落胆」

などのマイナスの感情を、どうにかするというだけでも、日常生活で仕事や勉強に

たちむかいやすくなるということがありますから。

▼あなたは、ここで、このような「道具」を手にいれました

「『やる気』を自己調整するためには、希望や興奮を獲得することも大切だけれど、不安や落胆を処理することも大切なときがあります。疲れたときにどうするのかが、仕事では大切なのですから」

知っているはずのことも、自覚していないときがある

自分の「やる気」の方針というのは、エライ人たちのセリフを、いちいち学ぶということをしなくても、素材を自分と周囲に求めれば、たいていの人は、書いたりまとめたりできるものです。

ただ、

「だれでも、考えつくものなら、いちいち、まとめたりする必要もないじゃん」

と思われるかもしれませんが、

「知っているはずのこと」

を、われわれは、多くの場合、自覚していないものです。

つまり、明確に、自覚していないのだとしたら、

「知っているはずのこと」

もわからないまま、暗闇で、いきあたりばったり、足や手をジタバタ出している、みたいなことにも、なりかねないのかもしれないのです。

自分の方針や仮定というものは、もちろん、唯一の正解ではありませんし、すぐに、変化をしつづけてしまうものですけれど、言葉にして、しかも、文章にまとめてみないかぎりは、案外、

「自分は、どのような仮定にもとづいて、仕事をしているのだろう?」

なんていうことも、わからないままになってしまうということが、よくあるのです。

文章にすることで、自分の血肉になるというのも、あるわけです。

自分が日常で使用している言葉にすることで、方針も、仮定も、命を吹きこまれることになります。

実際に、自分の信じていることも、たいてい言葉にしてみなければわからないこと

ですし、実践に直結している方針こそが、自分で自分を主人公にする……ということを、明確に示しているのではないでしょうか。

そういう作業をおこなうことで、「やる気」を、自己調整することができる方向に、ぜひ、近づけていってください。

もちろん、「上には上がいるものだなぁ」ということは、かならず、どの段階にも出てくるものだけれど、でも、そこで、「オレなんて……」となる必要は、まるでありません。

むしろ、さらに、修業をつむということは、だれにでもできることなのです。

自分の「やる気」の理論を文章にするということは、自分が、その「やる気」の理論を信じているという範囲において、自分のことを、動かしてくれるものなのです。

だから、自分の本音をカバーできているぶんだけ、それに応じて、自分で自分の「やる気」を、左右する一歩になってくれるものです。

ただし、何回も、何回も、アホみたいに、書きなおすということが、もとめられるのではないでしょうか。

そうすれば、そうしただけ、自分の経験に、深く深く、根づいたものにも、なってくれるはずです。

あなたには、あなたの過去しかありません。

ぼくにもそうだし、だれでもそうなのです。

だからこそ……どのようなキーワードが出てくるのか、ということについては、案外、「自分でも、けっこう、わからないものだなぁ」というところに、わりと、おおきなポイントが、ひそんでいるのではないでしょうか。

「どうも、たいしたリストじゃあ、ないみたいなんですけど」

と思ったというかたも、どうぞ、ご安心くださいね。

今は、カンペキなリストではないとしても、そのぶんだけ、書いたぶんだけ、あなたが、あなた自身を、知っているという割合は、グンと高まるというようなところも、あるわけなのです。

あなたの文章を、どうぞ、ちょっと、一回、読みなおしてみてください。

「ハハァ、わたしは、こういう人間かな？」

と、思うようなことが、ひとつでも、ふたつでも、もしも、見つかったのだとしたら、それは、たぶん、「進歩」のひとつに、数えてしまっても、いいんじゃないのかなぁ、と思います。

ところどころ、なんだか、パワーが宿っているような、自分にしっくりあうような文章のつながりが、どこかに、ありませんか？

ポイントは、たぶん、そこのところ、なんじゃないかなぁ、とぼくなんかは思うのです。

「なにか、ひっかかったぞ、ここに、しがみついてみよう」

というきっかけを、見つけられた……と、いってもいいのではないでしょうか。

自分の行為や、周囲の行為を学習してきて、自分の「やる気」についての経験にフィットする言葉は、どうも、パワーが宿るものなのです。

ヘンなハナシなのですが、むしろ、「やる気」を高めてくれるような、自分の経験にヒットするような言葉が見いだせたら、それは、この文章を書いている目的を達成しているとも、いえるものなのかもしれないのです。

そして、できれば、そのまま、

「だからこそ、自分の行動を、自己調整できるようになりました」

となれば、それこそ、本書がのぞんでいること、なのです。

ふつうは、「やる気」が失《う》せたら、それをとりもどすのに、ずいぶん、時間がかかってしまうものですからね。

そして、これは、割と大切なことなのですが、あなたが、自分の「やる気」を左右か？

するものとして挙げたものには、なにか、一貫した、「こうして、こうして、結局、こうなった……」というような、喜怒哀楽《きどあいらく》を含んだ、物語が含まれているでしょうか？

もしも、あなたの「やる気」の文章に、全体をつらぬく物語があるのだとしたら、これは、いっそう、パワーを持つものになるのです。

なぜなら、1章で紹介した佐藤さんのエピソード（七八〜八二ページ）もそうでしたが、人は、物語のあるものに、納得するものですから。

これは、客観性を重視する、研究者の世界でさえ、そうです。

著名で求心力のある理論は、やっぱり、物語を含んでいるものが多いのです。

ましてや、実際に行動をしている、仕事や勉強の場面の理論は、物語があるほうが、まずは、あなた自身を、動かすものになるのではないでしょうか。

「やってみせ、言って聞かせて、させてみせ、ほめてやらねば、人は動かじ」なんていう山本五十六《いそろく》の言葉も、そういう物語のある理論のひとつでしょう。

自分のやる気を語るセルフ・ストーリーがよくできあがっているなら、ずいぶん、心強いのです。サエないなぁ、でもがんばりたいなぁと思ったときだとか、過熱しすぎているから抜きたいなぁと思ったときに、自分をホットにしたりクールにしたりするような、とっておきのセルフ・トーク（元気の出るひとりごと）を作っておくのも、オススメです。

▼あなたは、ここで、このような「道具」を手にいれました

「自分の方針や物語は、自分にもわかっていないものです。だから、自分の仕事の全体をつらぬく物語を発見できたのだとしたら、あなたの『やる気』は、いっそう、パワーを持つものになるのです」

「長期的に理解すること」が、ボトルネックである

「やる気」のアップダウンは、能力とはかならずしも関係がありません。体調や周囲にも影響されるような、仕事の転機と変わらない、数年の周期でおとずれる「流れ」の短縮版のようなものです。

「やる気」を考えるうえで、どうしても、ここでジタバタしてしまいがちなんだよな

あというボトルネックは、はっきりしています。

「長期的な視点から『やる気』のメカニズムを把握するという機会」が、あんまりないときには、

「こうすれば、やる気が、すぐに出てくるんだよなぁ！」

という細部のコツを獲得しようとするだけで、問題の核心にふれられないのでしょう。

ところが、そもそも、なにかを、継続的に、長期的にやりつづけるためには、そういう「長期的な視点で、自分の『やる気』のメカニズムを把握すること」を、オススメしたいのです。

「やる気の全体像を把握して、やる気を自分で調整すること」

「やる気を出したい出したい、と目先の気分しか見ないこと」

このふたつは、発想からしてちがうわけですが、今、もとめられているものは、に近づくためのやりかたなのに、実際にビジネス書で語られていることは、「目先の細部でやる気を出すこと」についてのものばかりになってしまっているのですね。

「全体像を把握すること」

「目先の細部でやる気を出すこと」

は、簡単に、すぐに、結論を出せそうに見えるものです。

複雑な問題がからみあって、熱意や情熱が失われているのに、

「やる気は、ないよりは、あるほうがイイ！」

こういうふうな、単純な二者択一の発想で、ほとんどの問題を、

「無理矢理にでも、やる気を出すこと」

だけでまわしていこうとすれば、すぐに、近視眼的な方針しか立てられなくなってしまうのです。

もちろん、

「細部でやる気を出すこと」

も、悪くはありません。

ただ、そういう個別の問題を個別の問題としてやるかたわらでは、別次元の角度から、

「やる気を出す方向そのものが、いいのか、ダメなのか……」

と議論できるような環境が、どうしても、必要になってきているのではないでしょうか。

しかも、こうした、

「全体像を把握すること」

に近い作業をおこなっていくということは、実地の訓練がなければ、なかなかできないものなのです。

「ほかならぬ『自分』のやる気の全体像を把握すること」のための考えは、資料を読んだとか、人に教わったとか、そういうところでは、なかなか身につかないものがあります。

自分のメカニズムを知るためには、自分で文章を書いたりしながら、

「実地の訓練」

「現場の試行錯誤の蓄積」

を重ねなければならない。

そうでなければ、なかなか、

「長期的な視点でモノを考えて、場面の設定をしてゆくこと」

なんて、できないでしょう。

「実地の訓練」

「現場の試行錯誤の蓄積」

が、なぜ、重要なのかというと、そこには、「気づくこと」があるからです。

図7　時間軸上の「やる気！ ピクチャー」

言葉を大切にして、緊張力と目的力がうまく
ブレンドすると、下降したエナジーも高まる

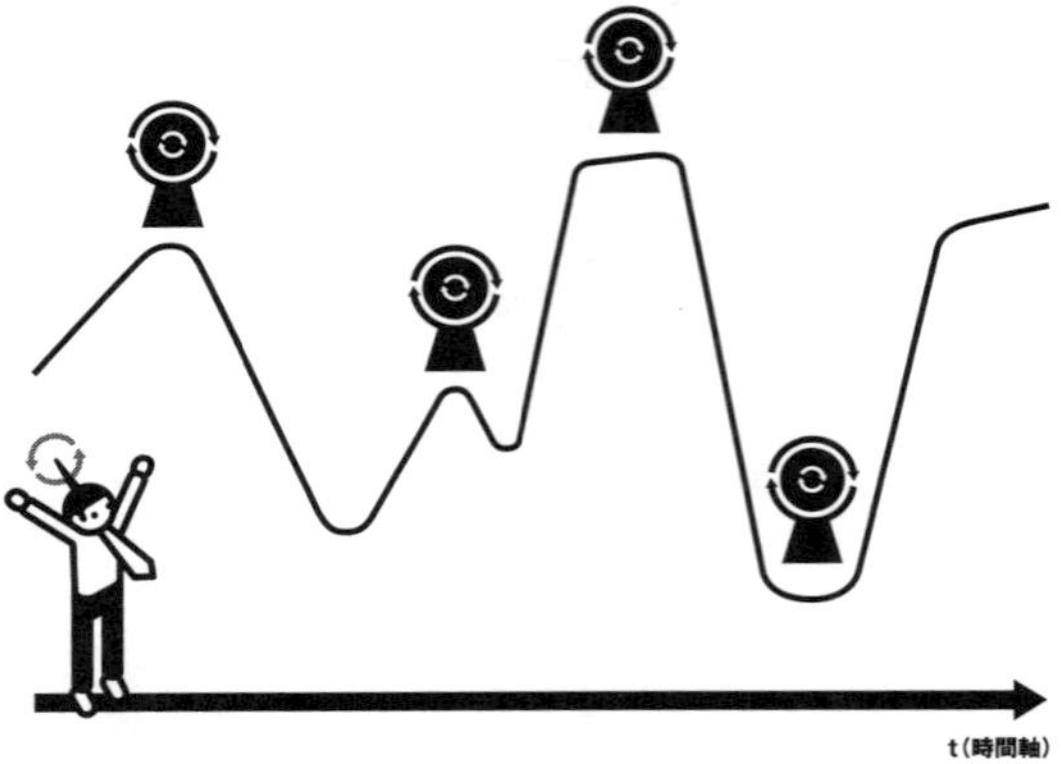

「はじめは、それでいいと思っていたんだけど、もうすこし、長期的な視点に立ってみたり、範囲をひろげた文脈のなかで問題をながめてみたりしたら、どうしても、オレのあの方針は、浅かったんだよなぁ……」

というように、

「あるときは、『これがいい！』と思えたものが、突然、『いいように見えていただけで、結局、マズかったよなぁ！』と思えるものに、豹変《ひょうへん》してしまった……」

という**失敗や誤解の経験を、たくさんたくさん、つんでいかないことには、長期的に自分の感情のアップダウンをデザインすることなんて、なかなかできない**ものです（図7）。

逆にいえば、そういう経験の積み重ねが増えていけば、

「心地よく思えるだけではないか」

「耳ざわりがいいだけではないか」

というような自分の感情がおちいってしまいそうなワナに対しても、免疫ができているから、距離をとれるようになるわけです。

「オレ、エラそうなことをいっているけど、ほんとはどうなんだろうなぁ？」

と、留保条件をつけて、距離を持ってものごとをながめていくということが、長期的な視点には、どうしても必要なんです。

感情と評価と行動を、いきなり直結させていかないように、範囲をひろげてものごとをとらえるには、

「実地の訓練や経験」

「現場の試行錯誤や失敗の蓄積」

が、どうしても必要なのではないでしょうか。

つまり、あなたも、「やる気」の文章をまとめたら、近日中に、そこで出た「こうすれば熱意が出るだろう」ということを、試してみて、あわなければ、修正するということをくりかえしてみてほしいのです。

▼あなたは、ここで、このような「方針」を手にいれました

「自分の感情のアップダウンを把握するためには、失敗や誤解の経験をたくさんつんでおくほうがいいのです。だから、自分の方針を立てて、崩して、のくりかえしが、『やる気』の自己調整のいちばんの近道なのです」

自分の方針を探しあてる、ということ

やる気というのは、

「そのときどき」

に、できてくるものです。

ただし、だんだん、仕事を継続しつづけるうちに、

「あれ？　どうやら、自分の抱える問題に直面した熱意じゃなければ、長い期間、仕事をつづけることができないみたいだぞ？」

ということに気づいたりもするのです。

やる気を設定することはたいへんです。

「自分とは何だろうか？」

と問うことですから。

そうでなければ、信じこむことができる「熱意」になんて、ブチ当たりません。

ただ、いちど自分の「やる気」がわかれば、あとは、心を開いて自由に風景をながめていれば、核心の「やる気」から派生するものがたくさん出てくるので、ラクになれるのです。

もしも、文章を書きつづけて半年ぐらい経っても、変化が認められなかったら、

「文章を、書いた順番で並べてみて、ながめてみる」

というのも、いいのかもしれません。

すると、自分が何を問題にしているのかが、わかりやすいですから。

「過去より、今のほうがウソくさい」

「過去のほうが、フレッシュだった」

なんてことは、わりとよくあります。

その場合は、フレッシュだったときのことを思いだして、自分のやるべきことを、

時間の経過のなかで、発見するといいのではないでしょうか。

ビジネスパーソンは、自分の生きている立場に対して、歴史と自分のリアリティをつきつめないかぎりは、やはり、仕事ができない存在なのではないだろうか、とぼくは思います。

ただ、同時に、人間だけが未来について、ノチノチのことを考える（希望する）、思い悩む（緊張する）存在であるのです。

そういう機微《きび》をいつも、さっと思い描けるようになってください。人は、元気づけのためにふりかえることも、このままではいかんと焦るためにふりかえることもできます。

過去に対して回顧するのと同様に、将来の展望でも、こうなるとうれしいと見通すことも、こんなままではみじめだ（こんなままでは終わらせたくない）と見通すこともできるというわけです。

▼あなたは、ここで、このような「視点」を手にいれました

「ある程度、過去を処理することに慣れた段階では、自分の過去の文章がウ

ソくさいなぁと思ったときに、過去の文章を並べることで、どのように、今の自分が燃えていないのか、ということさえ、わかってしまうときがあるのです」

自分の興味関心を、理由づける方法

自分へのコーチングは、次のようにやってみてください。

「どういう仕事が好きなの？」

「へぇ、こういう仕事が好きなんだ。

でも、ふだんしている仕事と、ぜんぜんちがうよね。

なんで、好きな仕事をしていないの？」

自分の好きな仕事があったら、そこには「好きな理由」というのがかならずあるわけです。職種や分野はちがっても、姿勢が似ていたり……そういうなかで、自分の傾向も見つかるわけです。

だから、そこを徹底的につきつめなければいけません。

なにかを好きな理由は、ここでは、いちいち言語化していかなければいけません。「やる気」を調整しようというかたなら、自分の興味関心を、細部に至るまで、徹底的に言語化してみてください。

なかば無理にでも、まずは、言葉にしてみてください。

最初は、箇条書きでもいいです。

「なんとなく」

ではなくて、具体的に、どう好きなのか、と言語化して気づいてみるのもいいのではないでしょうか。

そういう作業をしていったら、「やる気」の源が見つかるものです。

「好きなものと、仕事と、どういうふうにつながっているの?」

もちろん、「それは、考えたことがありませんでした」ということにもなるかもしれませんけれど、「やる気」をひきだすためには、

「どちらも、好きなことだし、リンクしているところがあるから好きなんだから……」

と考えることにもなるわけです。

結局は、素直に、

「自分の好きなもの」

と、

「自分自身の仕事」を、どう重ねあわせるか、の物語こそが、「やる気」を発生させるためには重要になるのです。

雰囲気を重ねあわせるのでもいいし、内容的に重ねあわせるのでもいいし、あわせるところ自体はどこでもいいのですけれど。

だから、自分の興味関心を徹底的に理由づけて分析してみてください。

▼あなたは、ここで、このような「道具」を手にいれました

「自分の興味関心にとことん忠実になることが、自分にぴったりあった、『やる気』を出すためのコツのようなものです。自分の仕事と自分の興味をかさねあわせて、自分の興味のある物語を作ってみてください」

自分へのウソは、バレてしまうもの

仕事の技術は、あとで、つけくわえることができます。

しかし、やる気は、自分のオリジナルのものでなければ、そのうち、消えてしまいかねません。

ただし、

「オリジナル」

とは言っても、ネタは、身のまわりにゴロゴロ転がっているのです。

むしろ、自分は興味もないけれど「ホメられそうなもの」を拾ってきて、

「有能に思われるような、あたらしい仕事のやりかたを探ってみようか」

と操作するようなセコイ態度のほうが、よっぽど危険でしょう。

本人にとって身近な話題や切実な問題をあつかわなければ、

「周りを気にしたパッチワークにすぎないもの」

に、なりかねません。

やる気の設定の方法は、単純です。

「最近、気になっていること」に尽きるのです。そのあたりの自分の欲望や問題を、どんどん、書いてみてください。

「まだ、表面に出てきていない深層部分の問題を、絶対に吐《は》かせる！」

ということに注力します。

ここに、オリジナリティがあるからです。

自分がこれまで考えもしなかった問題に気づくというのは、この段階で起こります。

ただし、ここには、危険なこともあります。

「ふりかえって自分の方針をながめてみると、かっこつけていたり、自分の本音を言っていなかったり……そのことでは、ずいぶん、反省しました」

そういう方針のウソは、かならずバレてしまうからです。

だから、あなたも、自分で自分を、そんなふうにコーチしてみてください。

▼あなたは、ここで、このような「視点」を手にいれました

「もちろん、周りのことは非常に気になるだろうけれども、ホメられたいと

いうことを最優先させてしまったら、自分の興味関心と微妙にズレてしまうかもしれませんから、自分の身近で切実な問題にどう対処するのかも、やる気を考えるときには念頭においてみてください」

自分の方針を分類するための方法

一日や二日ではなくて、長期的に自分の方針をみがいてゆくという過程では、分類したり分析したりする方法がほしいなぁ、と思えるときがあるかもしれません。

このあたりは、経営学の得意とすることなのです。

たとえば、あなたの「やる気」にとって切実なキーワードが、文章のなかにはいくつか出てくるものだとは思うのですけれど、

「あなたにとってても切実なこと」が、「研究者にとってても切実なこと」であることは、多いものでして、そういったひとつひとつのキーワードの解明のために一生をささげた研究者が、ゴロゴロいるのです。そういう研究の歴史を利用するというのもオススメです。

本書は、「自分で自分の調整をおこなうこと」を、主目的にしていますから、このへんのくわしい説明をききたいというかたは、ぼくが以前に書いた『働くみんなのモティベーション論』などの、学術的なことを解説した本にもあたっていただきたいのですが、

「するべきことが、未達成のままだと、人間は、緊張するものである」

という心理については、「ツァイガルニーク効果」として、学術的には、広く知られていることです。

ハングリー精神については、「自己実現」という言葉をかかげたことで有名な、アメリカ心理学会の会長もつとめたマズローさんという研究者が、「欠乏動機」という名前のもとで、やはり学術的にきちんととりあげています。

「目的を持ってがんばる」という抽象的なテーマについても、メリーランド大学のロックさんという研究者が、やはり、ほとんど一生をかけて、とりくんでいるのです。

「中年になっても夢が、長期的に、人を勇気づけて、活動を意味づけている」

なんていうことについても、エール大学のレビンソンさんという研究者が、あれこれ考察をかさねています。

「やっていることそのものがたのしいので没頭できる」

という活動については、それを「フロー体験」としてとらえた、チクセントミハイさんという研究者がいるのです。

つまり、もちろん、本書は、シンプルさを目指しているので、そういった学術の成果については、いちいち、参照したり引用したりしませんが、そういったさまざまな学術の成果を「したじき」にしているので、安心して、きいていてくださいね、ということを、あらためて、伝えておきたかったのです。学問的裏づけのない話をしているのでは、けっしてありません。

そして、ここでは、さらに、自分の理論のキーワードについて、自分でカンタンに分析をおこなう方法の初歩を、お伝えしておきますね。

一日や二日で、ではなく、長期的に「やる気」とつきあっていくためには、そんなふうに、じわりじわり、自分の「やる気」の核心に近づいていってください。

たとえば、

「これには、ふたつの理由があるなぁ」

などと分類するというのも、分析のはじまりとして、なかなか、おもしろくなるはずです。

「緊張」を「外からくるもの」といい、「目的」を「内からくるもの」といいかえて、また、自分をふりかえってみてもいいのではないでしょうか。そうすれば、たとえば、「内側からあふれでる感情こそが、人間を動かし、その感情が極まって、メンバーとつながったときに、グループのパワーが出るものだ」なんていう、自分にぴったりとあいそうなセリフとして、「やる気」を、説明できるようになるのかもしれません。

▼あなたは、ここで、このような「視点」を手にいれました

「本書では、経営学の学術用語や各種学説についてはていねいにふれることはありませんが、あなたが、切実に悩んでいる『やる気』についてのさまざまな側面は、そのひとつひとつに、おそらく、一生をついやしたであろう経営学者や産業組織心理学者がいるという可能性があります。ときには、そうした学者たちの分析方法を導入してみるのも、いいのではないでしょうか」

「パクリ」を「自分の方針」に高めてゆくこと

ちなみに、自分の方針をつきつめていくというときには、「ひとつの偏狭《へんきょう》な観点にとらわれなくてすむこと」というのも、大切になってくるものです。

たとえば、経営者や管理職の立場にいるときには、給料やボーナスというような「やる気をつけるもの」を想像することが多いですから、ついつい、自分を鼓舞《こぶ》するときも、部下を激励するときでも、

「はたらく人たちというのは、たいてい外発的な（経済的な）モチベーションに頼るものなんだ」

というふうに思いがちですけれども、しかし、とことんやりぬくというときには、よくよく考えてみたら、

「達成」

「成長」

「たのしみ」

など、「外発的」ではぜんぜんない、「内発的」なものにうったえるということも、

仕事の追求には必要なんだということが、どうしても出てくるわけです。

そこのところの事実を、ついつい、見ないままになってしまうことがよくあります。それに、じつは、自分でも気がついていないけれど、若いころはそうだったのかもしれないという「やる気」の源泉に気がつかない、なんていうこともよくあります。ですから、そこのところは、ふだん、ふつうに生活をしていて、

「たくさんの人の考えを吸収して、刺激を受けること」

「ほかならない自分についての方針を掘りさげること」

このふたつが、同時に必要になってくるところがあるのではないでしょうか。

つまり、自分の方針を、「自分だけ」で作るのではなくて、「周りの影響」を受けるというところにも、意識的に心を開いておいたほうが、バランスとしてもいいところがあるのです。

ですから、

「自分以外のいろいろな人が、いかにして、動かされているのか」

について、ふだん、触れていたり読んでいたり見ていたりするさまざまな人たちのセリフから、知ることができたのだとしたら、そこのところに耳をかたむけて、半分は、パクリながら、しかし、半分は、そのうち、自分の言葉にして洗練させていく

……ということをしたほうがいいのではないでしょうか。自分の言葉には最終的にはならなくても、「世の中にはそんなふうに動く人もいる」と知ることは大切です。世の中にいる人みんなが自分と同じではありません。

もちろん、

「自分のひとつの理論を深めること」

については、たとえば、自分の考えというのは、わりと、分散しているかに見えても、究極のところは、その根っこにあたるものは、そんなにたくさんはないわけなんです。

だから、周りをチラチラと見ながらも、パクリではない自分の核心の傾向をさぐりあてる、ほりさげる、ということは、やはり、重要なんじゃないかなぁとは思いますけど。そこらへんは、気楽に、しかし、真剣に、やってみてください。そして、核心以外は捨て去ると、今度は、逆に、自分にはあてはまらなくて捨てた要因でやる気を高める人がいることに気づかされます。十人十色なんですよ。

▼あなたは、ここで、このような「道具」を手にいれました

「自分の方針を、すべて、自分だけで作りあげようとすると、息苦しくなってくるときもありますから、時期によっては、周りの影響を受けながら、パクりながらやっていくというような緩急が必要になるかもしれないのです」

自分の方針をみっつずつ箇条書きにしてみる

さて、ここまで、「自分の方針」について、説明を加えたものを読んだあとでは、あなたも、また、これまでと、ちょっとちがう「自分の方針」を、書けそうな気がしてきませんか？

ここでは、あなたが「自分の方針」を書くための参考になるように、１４０Ｂ《イチヨンマルビー》という編集プロダクションを経営されている中島淳《あつし》さんにうかがったお話をもとにしまして、

「箇条書きを、ひとことの方針にまとめる」

というやりかたを、紹介させていただきます。

このやりかたは、「周りのやる気」という、一見、方向もバラバラになりがちなも

のを、ひとつのシンプルな方針につなぎとめるためにも、もしかしたら、いちばん有効なのかもしれません。

中島さんの方針を、きいたまんま、ずらずらと箇条書きで、あげてゆきたいと思いますが、わかりやすくふりかえることができるよう、みっつずつ、箇条書きを紹介していきたいと思います。

・自社の売りあげをのばすことでは、なかなか、自分は「やる気」にならない
・他社の売りあげをのばすことで感謝されたら、自分は「やる気」が出てくる
・出版社の編集者だったときは、編集長の「作業」という言葉に、反発した

たとえば、このみっつの箇条書きだけでも、

「編集の仕事のオリジナリティが、自分の『やる気』を高める」

と、まずは、自分の「やる気」について把握できるわけです。

売りあげではなくて、本の内容がホメられたらうれしいのですし、作業ではないと反発するということは、編集の仕事に誇りを持っていたということなのですから。

では、さらに、つづけていきましょう。もちろん、この方法でも、「周りのやる気」

にいきつくものです。

・出版社で編集者をしていたとき、職場がおとなしくて熱気がないのがイヤだった

・収支の内訳《うちわけ》を知らされないまま、売りあげを出せ、といわれてもやりようがなかった

・おとなしい職場で、朝から、おおきな声で、電話をかけまくっているヤツがおった。おもろい連中に、電話をかけまくって、ほんまでっか、ほんまでっか、といいながら、おもしろい情報をしいれている……同年代に、こんなヤツがいるのかと刺激を受けた

たとえば、次のみっつからは、「自分に刺激をくれるヤツ」が、発見されるわけですよね。たくさん書きたい、たくさん話したい、という部分は、どうも、自分の「根」につながるわけですから、大切にしていてください。やはりここでも、「売りあげ」ではなくて、「編集の内容をおもしろくしたい」という方針が、見えてくるわけです。

では、つづけていきましょう。

・出版社の異動で編集から営業にいき、書店でのあまり芳《かんば》しくない売りあげを知らされて、「編集者には、ほんとうのことをいわないんだ」と目が開かされた
・ネクタイをしめるようになって、あちこちまわることで、見えてきたことがあった
・結婚したら、妻は向上心のある人で、自分が文句をいっていたのがはずかしくなった

個人的なことも、どんどん、書きこんでしまってください。そうすれば、このみっつの箇条書きからは、「営業の立場で見えてきたことがある」「向上心のある妻のように、自分も文句をいわないでやりたい」と、すこし、前向きになったきっかけが書いてあるわけです。

さらに、つづけていきましょう。

・そういえば、営業にいく前に一年間、広告をやった経験はおおきかった
・広告は他人に委託しなければならないから、言葉で伝えなければ絶対にモノができなくて、そこでうまく仕事を委託することができた
・自分が雑誌編集長としてうまくいかなかったのは、言葉で伝えることがヘタだったからだと気づいた

と、ほとんど、順不同で、思いつくわけですよね。時間も、前後して思いだすのが人間というヤツですから、こうして、重要なことを、あとから思いついたりもするわけです。

個人の失敗を、周りの「やる気」につなげる

この中島さんの場合、編集者のときは、「編集の内容をおもしろくすること」が仕事の中心だったけれど、言葉で表現して、やるべきことを委託することができなくて、苦労をしていた……。それが、部署を換わって、編集という仕事から離れたときにはじめて、**「言葉で仕事内容を伝えること」**の重要性に気づいたというわけですよね。

さらに、つづけていきましょう。

・広告でうまくいったときは、自分でやれない環境で、人に託すしかなかったから
・やりたい企画を、自分の手ではやれない……そうなると、「こんなふうにお願いしますと、ひとことで説明できなければならない

・やりたい企画を、人に託して、すごく売れて、ほんとうにうれしかった

ここでも、「ひとことで仕事内容を伝えること」が、他人に託すことの中心になっているわけです。

つづけていきましょう。

・営業部長のときは、毎日、部数のデータを伝えたら、編集部の「やる気」があがった
・営業の部下には、「最大の営業先は編集者。編集者の力をひきだそう」といっていた
・営業では、「編集のときにやってもらえなかったこと」をやろうと思っていた

ここでは、最初の「編集の仕事内容」をみがくために、なにをするのかについてが語られているわけです。結果を伝える、編集のやる気をひきだす、と、自分が編集のときにしてもらえなかったことをしていくことに専念できたわけです。

つづけましょう。

・編集のときに営業に言われてイヤだったのは、「去年と一緒でええやん」

・営業が、編集に、失敗してもええから、おもろいことをやろうということにした
・書店のかたから、「見た瞬間、（他の本と）『ちがう』とわからないとダメですよね」と言われた

ここでも、編集をさらによくしていくために、おもしろいことをやろうといったり、去年とちがうことをやろうといったり、見た瞬間、ちがうものを作らなければならないと気づいたり、営業で書店まわりをしたときに言ってもらったことが、仕事の根幹に関わっていたことがわかったわけです。書店のかたは、「大手のものもいっぱいあるから、ちょっとくらいタイトルやデザインがちがうのをおいても、だれも気づかないし、買いませんよ」といっていて……編集部にいたころは、それでも、「どうや、他社にできひんものを作ったで」と思ってたんですけど、実際に書店で並べたら、イッパツでわからないといけないと気づいたのだ……というこの方針は、このかたの大切な方針になっているのです。

つまり、編集に伝えることも、編集と作るものも、「イッパツでほかとちがうものでなければいけない」と、方針がとぎすまされるわけです。

・「売れてるで！」と言って社内をまわっていると、いろいろな部署がよろこんでくれた
・もっとも信頼する編集者が独立することになったから、一緒に独立しようと思った
・出版社は空気が売りものだから、いい空気を持つ人と、仕事をしていきたい

そして、編集プロダクションを起業するきっかけについて、話がいくわけですけれども、ここでは、「いい空気」「信頼する編集者」「売れてるで！」と、盛りあがるなかで仕事をしていきたい、ということについて語られていくわけです。

・自分は編集者として成功しなかったことがよかった
・「うまくいったのは、あなたのおかげです」と言えることが、いちばんうれしい
・「キミのところ、おもしろいの作ってるね」と、編集がホメられることがうれしい

と、自分は、周りをサポートすることが好きなんだというハナシがくりひろげられるわけです。

やる気！のひとこと　言葉で人に伝える

・中島さんの「やる気！シート」

　自分ががんばって売りあげをのばすことでは、なかなか、自分は「やる気」にならない。「あなたのおかげです」と人に言えるとき、自分は「やる気」が出てくる。だから、他人に結果を出してもらい、おもしろい本を作ることが、自分の仕事である。出版社の編集者だったときは、編集長の「作業」という言葉に反発した。編集は作業ではない。ほかにない企画を作りだす仕事で、しかも、ひとことで伝えられる、見た瞬間に「あ、これはちがうものだ」とわかるものでなければならない。「無難でええねん」は、いちばんおもしろくないものになってしまう。編集者のチカラをひきだすためには、編集のときに営業にしてもらえなかった「売りあげを知らせること」などをやらなければならない。いい雰囲気を持つ好きな編集者と仕事をしよう。自分が編集で停滞したのは、言葉で伝えることがヘタだったからで、言葉で人に伝えることを丁寧にやっていこう。

では、この箇条書きのなかから、似た内容をのぞいて、内容を整理して、並べてみましょう。

・編集者の「やる気」をひきだすことが、本をおもしろくする秘訣《ひけつ》である
・編集部の「熱意」「空気」を高めることは「作業」からは生まれない。売りあげを知らされることからくる部分は大きい
・おもしろい本は、パッと見ただけでほかとちがい、それを他人に伝えられるものである
・自分が編集で停滞したのは、言葉で伝えることがヘタだったから
・おもしろい本は、作業や二番煎《せん》じではない、失敗してもいいから、おもしろいことをやろう、から生まれる
・編集者は空気が売りもので、いい空気を持つ人と仕事をしていたい
・「うまくいったのは、あなたのおかげです」と言えることが、いちばんうれしい

こんなふうに、大雑把《おおざっぱ》に、いくつかの方針にしぼることができたら、このかたにとっての「周りのやる気」をシンプルにまとめることは、できるのではないでしょうか。

ですから、仮に、このように四〇〇字でもまとめられるわけです（二〇七ページ）。個人的な失敗の体験も、方針の制作にはすごく生きてくるのです。

あなたも、どんなプロセスでもかまいませんから、いったん、あなたにとっての「やる気」とはなにかを、あわせて、どうやれば周りの人びとも、やる気になって動いてくれるのかを、文章にまとめてみてください。

箇条書きなら、電車のなかで、手帳を片手にでも、できるものですからね。

▼あなたは、ここで、このような「視点」を手にいれました

「おおぜいの人間が関わり、おおぜいの目的があるという場合には、どのような方針で動けばいいのか、ということを見失いがちになります。そのようなときこそ、この具体例で記したように、自分の仕事が周りの人びとと関わる部分の根幹を見直してみてください」

MOTIVATION CONTROL

3

「やる気！」語録

ここからは、実際に、自分や周りの「やる気」に刺激を与えるための、さまざまなセリフを、「語録」のかたちで紹介してゆきたいと思います。古来からのものと、また、本書の復習のために、ぼくがかつて書いた本からのものがあります。学んだものは、さまざまなかたちで反芻《はんすう》してみたり、消化しなおしたり、吸収しなおしたりすることによって身につくものではないだろうか、ということで、このような章をもうけさせていただきました。

もちろん、自分の気になったセリフがたくさんあるというかたは、そこから、直接、影響を受けたり刺激を受けたりしてゆけばいいものなのです。また、実際に世界のどこかで、昔に、こんなことをいった人がいるのかぁという歴史のセリフは、案外、人の心にしみるものではないですか。自分の物語を書く、語るには、人の物語を読む、きく必要がありますし、自分の言葉で語り切る自信を持つ前には、共感できる人の言葉に耳と心を傾ける必要があります。

だから、もしも、あなたの「自分の方針」や「周りの方針」を作りあげるための参考になれば……という選択の方針で、今回、三〇〇個のセリフを、選んでみたのでした。

語り口のことを「ボイス」といいます。それは個性を反映しますが、自分らしさに気づくには、周りの人のボイスにも興味を抱くのが近道です。

数分間もあれば、一〇個ぐらいの語録を読めますから、まぁ、気軽に、「移動時間のヒマつぶし」として活用していただいてもかまいませんし、そのあたりは、ほとんど、知的なシャワーを浴びるような気分で、たのしんでみてくださいね。また、ぼく、金井壽宏の数十年の経営学の研究の成果もチラホラ出ていますので、通して読む時間がないときに、チラッチラッとこの章をながめていただくというのも、オススメいたします。仕事や生活の状況によって、おなじ言葉もちがうように響くことがありますから、そういう意味で、語録は、空き時間に、「あぁ、こんな言葉もあったのか」とたのしむのにも最適なツールになるのではないでしょうか。

誰でも自分自身で真実を知るのでなければ、他人がそれを教えることは不可能です。

『ガリレオ研究』（アレクサンドル・コイレ／菅谷暁訳／法政大学出版局）に記されたガリレオの方針。「人は自分自身で知るか、いつまでも決して知りえないかのどちらか」とも。

ほんとうに困ったときに「俺はおまえの親友じゃないか」と助けてくれるひとがいるかどうか。

『働くみんなのモティベーション論』（金井壽宏／NTT出版）でぼくが書いた言葉です。そういう人がいないなかで、達成動機だけが肥大することは、きわめて危険な気がするのです。

「過ぎ去ったことはすべて物語にすぎない」

『寺山修司名言集　身捨つるほどの祖国はありや』（PARCO出版）に記された、寺山修司の残した言葉のひとつ。

キャリアを選び取るときに、ひとがやっていることとは、ある意味では、夢と現実との間のダイナミックな刷り合わせである。

『働くひとのためのキャリア・デザイン』（金井壽宏／PHP新書）でぼくが書いたセリフです。だから、キャリアには大きな方向づけや夢や抱負が必要なのです。

選手が成長するために最も大切なのは練習である。

『落合戦記』（横尾弘一／ダイヤモンド社）内で語られた中日ドラゴンズ監督の落合博満氏の方針。野球の方法論が進化しても、野球をする時間が減れば逆効果なのだという。

長い人生とほとんど重なり合うのが、なんらかの仕事をやっている期間です。

『働くひとのためのキャリア・デザイン』でぼくが書いたセリフです。「仕事」と「やる気」の関係を考える参考になればうれしいなぁと思います。

リーダーは、なろうと思ってリーダーになるのではなく、旅の結果、帰還、生還した時に結果としてリーダーになる。

『リーダーシップの旅』（野田智義、金井壽宏／光文社新書）で、ぼくが書いた言葉です。「ガンジーもリーダーになろうと思ってインドの独立に尽くしたのではない」。

社会の変化が激しいということは、長期にわたってキャリアを事前に綿密にデザインしても、ほとんど意味がないということでもある。

『キャリア常識の嘘』（金井壽宏、高橋俊介／朝日新聞社）で盟友の慶応大学の高橋俊介さんの考えにふれた結果、そう思うようになって書いたセリフです。

組織の元気も、つまるところ、1人ひとりの個人の元気が基盤だ。

『組織行動の考え方』（金井壽宏／東洋経済新報社）でぼくが書いたセリフです。「元気」や「エナジー」が大事だと思うのは、今この国にそれが乏しいからです。モチベーションは努力の投入レベルを左右するので、働く個人の活力にかかわります。

昔から、変革への抵抗を緩和するためには、変革の影響をいちばん被る人を変革のシナリオづくりに入れたほうがいいんだといわれている。

『会社の元気は人事がつくる』（金井壽宏、守島基博、高橋潔／日本経団連出版）の座談会でぼくが語ったセリフです。

コラボレーションとは、違った考え方、違ったアイデア、違ったイメージ、違った発想法の出会いといえる。

『組織変革のビジョン』（金井壽宏／光文社新書）より。その個性の出会いをなんとか丸くおさめてしまおうとするのではなく、お互いの個性をぶつけあい、火花を散らす……そうしたときに、イノベーション（変革）やエボリューション（進化）が起こるわけです。

現実には、一人ひとりのリーダーたるべき人物の持ち味、置かれた状況の機微、さらには時代やタイミングというものがある。

『リーダーシップ入門』（金井壽宏／日経文庫）でぼくが書いた言葉です。理論は、リーダーシップを取ろうとするひとの持論に翻案され、それがそのひとの経験に根づくときに、はじめて大きなパワーをもたらすのです。

どのように動機づけられるかについて、しっかりした持論を持つことは、自分で自分のことを自己調整する道につながる。

『働くみんなのモティベーション論』でぼくが書いた言葉です。

共同相互存在の根本の仕方は、話すことです。

『存在と時間』（ハイデガー／桑木務訳／岩波文庫）の解説で書かれたハイデガーの講演でのセリフ。他人と自分の会話に「現在」についての解釈が出てくるのだという。

人生全体が節目というわけではありませんから、いつも張りつめている必要はありません。

『働くひとのためのキャリア・デザイン』でぼくが書いたセリフです。ただし、「節目」は、キャリアをデザインしなければならないのです。

会社を変えたい、変えようと努力を繰り返し、結局、何も変わらなかった時、人は「学習性無力感」を抱く。

『リーダーシップの旅』より。やる気と力のある人、リーダーシップをとろうとする人ほど疲れ果て、逆に、決められた「やらされ仕事」をこなすだけの人が元気という、そんな倒錯した状況が組織の中では起きがちなのです。

努力しているにも関わらず、どこか方向性がずれてきたなと感じるようになったら、節目ではないかと疑ってみるといい。

『キャリア常識の嘘』（金井壽宏、高橋俊介／朝日新聞社）でぼくが書いたセリフです。

状況判断力とつながらないスキルは意味がない。

『会社の元気は人事がつくる』の座談会でぼくが語ったセリフです。

安定こそ不安定であり、不安定が安定である。

『組織変革のビジョン』より。野中郁次郎先生が、よく日本電気の小林宏治さんのこの言葉を引用なさっていました。

リーダーのほうが部下を支えて、部下に奉仕する、だから部下たちはリーダーについてくる気になる。

『リーダーシップ入門』でぼくが書いた言葉です。そこから真のリーダーが生まれるのだという考え（サーバント・リーダーシップ論）さえあるのです。

モティベーション論の最先端が、つまるところ、自己調整に行き着いたというのは、非常に興味深い。

『働くみんなのモティベーション論』でぼくが書いた言葉です。それは、集中力の問われる勝負の世界に生きる人だけの問題ではありません。

きわめてゆっくり進み、あらゆることに周到な注意を払おう。

『方法叙説』（デカルト／谷川多佳子訳／岩波文庫）でデカルトが語ったセリフ。「わずかしか進めなくても、せめて気をつけて転ぶことのないように」。

ひとりで悶々と悩まずに、ぜひとも身の回りにいる大切なひとの声を聞いてみてください。

『働くひとのためのキャリア・デザイン』でぼくが書いたセリフです。本はひとりで読むものですが、考えは話して進めるのがいいのではないでしょうか。

「小さくまとまっている場合ではない」と自分を鼓舞するためなら、偉人伝にふれるのもいい。

『リーダーシップの旅』で、ぼくが書いた言葉です。「けれども、そういう人を思い浮かべて、自分にはリーダーシップはおぼつかないと考えてしまったのでは残念だ」。

ゴールに向かって脇目も振らずに進んでいる状態というのは、無駄がなく最も合理的のように思えるが……。

『キャリア常識の嘘』でぼくが書いたセリフです。この状態は「その分周りの景色が見えていないから、せっかく周囲が偶然に提供してくれる貴重な知識や情報に気がつくことができない」のです。

若年労働者の定着度の低さには、仕事と興味のミスマッチがあるとされているが、実は、会社が与える仕事と本人の知的能力のミスマッチが見られるのかもしれない。

『組織行動の考え方』でぼくが書いたセリフです。

実際に動いている組織化の過程は、移ろいゆく流れ、混沌、不安定、動詞に近い。

『組織変革のビジョン』でカール・E・ワイクの発言を引用しました。絶対に傾かない船は沈没するが、傾く船は沈没しないといったようなもので、安定していると潰れ、不安定だから安定する……なにかジャイロコンパス的な感じがあります。

リーダーシップはだれでもの問題である一方、いったん入門すると際限ない。

『リーダーシップ入門』でぼくが書いた言葉です。

ベテランになるとどうか。モティベーションは自分を鼓舞するだけではなくなる。

『働くみんなのモティベーション論』でぼくが書いた言葉です。親として、また上司として、周りの人たちを元気づけることも必要になってくるのですよね。

問いが発せられる以上、その問いは、答えることのできるものである。

『論理哲学論』（ウィトゲンシュタイン／山元一郎訳／中公クラシックス）で語られたひとつの方針。「語りえぬことについては、沈黙しなければならない」とも。

長期にわたる自己実現への道をめざしてください。

『働くひとのためのキャリア・デザイン』でぼくが書いたセリフです。かつて、ジーグムント・フロイトは、精神の健康のため、したがって幸せになるために、働くことと愛することのふたつが大切だと言いました。

本当は変革が必要なのだとしても、よほどその必要性に深く気づかなければ、なかなか次の旅は始まらない。

『リーダーシップの旅』で、ぼくが書いた言葉です。

上つた相場も、いつか下る時があるし、下つた相場も、いつかは上る時があるものサ。その上り下りの時間も、長くて十年はかゝらないヨ。

『氷川清話』(勝海舟／講談社学術文庫)の言葉より。「それだから、自分の相場が下落したと見たら、じつと屈んで居れば、しばらくすると、また上つて来るものだ」。

ひとから成り立つシステムを理解する最良の方法は、それを変えてみようとすることである。

『組織変革のビジョン』でぼくが書いた言葉です。心理学者のK・レヴィンの発言を引用しました。

肩書や権限だけでひとがついてくるのなら、それは、ほんとうのリーダーシップではない。

『リーダーシップ入門』でぼくが書いた言葉です。

モティベーションを考えるということは、ひとの努力、意欲、やる気という観点から、自分とこの世界を解き明かそうという試みそのものだ。

『働くみんなのモティベーション論』でぼくが書いた言葉です。やる気から見た世界観、それは四〇〇字にこだわらなくても、書かれなくてはならない。言葉にすることの力を信じて。

世界は人間なしに始まったし、人間なしに終わるだろう。

『悲しき熱帯』（レヴィ＝ストロース／川田順造訳／中公クラシックス）で語られた「人間中心」にものごとを理由づけたり根拠づけたりすることへのひとつの方針。

努力、楽しみ、偶然の出会いのなかから、また次の節目がやってきます。

『働くひとのためのキャリア・デザイン』でぼくが書いたセリフです。節目はたいへんですけれども、憂鬱《ゆううつ》にならないでください。

リーダーは常に先頭を切り、本人がそこにいないだけで支障が生じる。

『リーダーシップの旅』で、ぼくが書いた言葉です。職場で上司のリーダーシップの度合いを測りたかったら、その上司が不在の時の混乱の度合いを見るといいかもしれません。

教訓を引き出せるような経験をたくさんしておくとよい。

『キャリア常識の嘘』でぼくが書いたセリフです。そういう人はいずれ、迷っている人に「いま苦しいのは節目だからだ。それをくぐると、こういう感じで一皮むけるよ」とアドバイスができるメンターになれるのです。

いつもいつも不満を感じさせてしまうような仕事の与え方しかできない会社も困りものだ。

『組織行動の考え方』でぼくが書いたセリフです。若年層に見受けられる意識だけ高い人も困りものですけれども。

「ここまできたのだからやめてたまるか」という心理のコミットメントは「しがらみ」と訳すのがよい。

『組織変革のビジョン』でぼくが書いた言葉です。「会社に魂を売ってしまった」ような人を見ていると、そういう気持ちになるのです。

本書にたくさんのエクササイズを入れたのは自分との対話、周りの人との対話を大切にしてほしいと信じているから。

『リーダーシップ入門』でぼくが書いた言葉です。本書も同じ気持ちで書きました。

モティベーションについては、親は子どもから、先生は生徒から、管理職は部下から、おおげさだが、一国の宰相は国民から学ぶのがいいのかもしれない。

『働くみんなのモティベーション論』でぼくが書いた言葉です。

驚きの目で眺めない一日はない。

『パブロ・カザルス　喜びと悲しみ』（アルバート・E・カーン編／吉田秀和、郷司敬吾訳／朝日選書）で語られたセリフ。音楽家カザルスが毎朝の練習で感じることという。

経験そのものが豊かなひとでさえ、意外と道具箱は乏しいのではないだろうか。

『働くひとのためのキャリア・デザイン』でぼくが書いたセリフです。われわれはキャリアの問題を考える道具を、あんまり持っていないのだと言いました。

前向きさに加えて、わくわくするようなビジョンが伴うと鬼に金棒。

『リーダーシップ入門』で、ぼくが書いた言葉です。

内なる声を聞くだけでなく、上司、同僚、顧客といった、自分を取り囲むネットワークが、自分になにを期待し要求しようとしているか。

『キャリア常識の嘘』でぼくが書いたセリフです。これを正確に見極め、どうすれば適応できるかを戦略的にプランニングすることも必要です。

今やっていることがとてもうまくできるということが、他のことでもチャレンジすればうまくできるという気持ち、根性、発想法、実験主義精神を阻害する。

『組織変革のビジョン』でぼくが書いた言葉です。

実践や経験を重視するからといって、けっして普遍的な原理・原則の探求をあきらめてはいけない。

『リーダーシップ入門』でぼくが書いた言葉です。

「わたしはもっていない」と思うなら、それは、けっしてそうではなく、もっているはずの持論が、暗黙のままにとどまっているだけである可能性が高い。

『働くみんなのモティベーション論』でぼくが書いた言葉です。

負けに不思議の負けはなし、とはよくいったもの。

『無形の力』（野村克也／日本経済新聞社）内で語られた楽天ゴールデンイーグルス監督の野村克也氏の方針。「WHY　CAN　NOT」を考えることが重要なのだと述べていた。

ずっと一生懸命動いている間には気づかなかったこともある。

『働くひとのためのキャリア・デザイン』でぼくが書いたセリフです。振り返るのは、過去をなつかしがるだけでなく、将来を展望することにもなるのです。

肝心なのは経験を放置しないことだと思う。

『リーダーシップの旅』で、ぼくが書いた言葉です。経験の意味付け、蒸留、純化が社内で起きれば、会社にリーダーシップが育つ下地ができるのです。

いったいなにが勝ち組なんだということになるが、これは自分らしいキャリアを築いている人というよりほかかない。

『キャリア常識の嘘』でぼくが書いたセリフです。おそらくこのような人は、他の人に対してでなく、過去の自分にいつも勝っていく人でしょう。

適応は適応力を阻害する。

『組織変革のビジョン』でぼくが引いた言葉です。カール・E・ワイクの発言の引用です。どきっとするに値する言葉でしょう。

緊張やズレを低減するためだけにひとは生きているのではない。

『働くみんなのモティベーション論』でぼくが書いた言葉です。めざすべき自分が展望できるから、それを大きな夢あるいは具体的な姿として描くから、途中であきらめずにそこに向かうという面があります。

完全さへの課題にいどむには標準の設定から始めなければならない。

『ル・コルビュジエの生涯 建築とその神話』（スタニスラウス・フォン・モース／住野天平訳／彰国社）内で語られた、二十世紀を代表する建築家コルビュジエの設計の方針。

明白にされた原理・原則を言葉として学ぶだけで終えてはならない。

『リーダーシップ入門』でぼくが書いた言葉です。その言葉を知る以前よりも確実にその原理・原則に沿った行動がとれるようになることをめざしましょう。

だれだって、十年も二十年も仕事生活を歩んでいたら、その歩みの轍にあたるものがあるはずだ。

『働くひとのためのキャリア・デザイン』でぼくが書いたセリフです。その軌跡を見れば、どう向かうのが幸せなのかを考えるヒントが見つかるはずだ。

英雄は初めから英雄なのではなく、旅に出て何事かを成し遂げて生還する。

『リーダーシップの旅』で、ジョゼフ・キャンベルを参考にしてぼくが書いた言葉です。生還した旅人が英雄になるという、神話学者ジョゼフ・キャンベルの主張です。

ある世界の頂上で有能であっても、別の社会へ横滑りを繰り返せばやがて無能レベルに達する。

『組織変革のビジョン』でぼくが書いた言葉です。ローレンス・J・ピーターの言葉を参考にしました。いくつになっても一皮むけていくためには、逆説的かもしれないが、無能レベルに達したという認識が必要かもしれません。

生きた哲学は現実を理解し得るものでなくてはならぬ。

『「いき」の構造』（九鬼周造／岩波文庫）の「序」で九鬼が述べた言葉です。「いき」という日本独自の現象の構造解明に挑む心意気が表れています。

家庭を仕事と同じく、かけがえのないものと思っていますか。

『キャリア常識の嘘』でぼくが書いたセリフです。もし仕事のしがらみとしか感じられないようであれば、あなたのワーク・ファミリー・バランスはどこかが崩れている可能性が高いです（研究成果より）。キャリアもピンチにさらされているかもしれません。

意識して明るく「演じる」ことも要請される。

『リーダーシップ入門』でぼくが書いた言葉です。このことは今も変わりません。

自分本位の考えじゃ駄目じゃ。世の中には自分以外に人が居るよ。

『常に時流に先んずべし　トヨタ経営語録』（PHP研究所）内で書かれたセリフ。トヨタ自動車の源を作った発明家で事業家の豊田佐吉が語っていた言葉なのだという。

みんなが一緒にいることが運動のためでなく、安定したオペレーションのためになってくると、そういう場で突出する人は周囲との軋轢《あつれき》を生む。

『リーダーシップの旅』より。もとはエンタープライズ（冒険）のための集まりだった組織が、そうでなくなった段階になると、カンパニーはリーダーシップを育てないというより、「リーダーまでいかないほうが楽な組織」になってしまうのだと思います。

自分を貫くか、周囲に合わせるか、要するに重要なのはバランスなのである。

『キャリア常識の嘘』でぼくが書いたセリフです。

会社のミドルは階層状の組織の中間にいるばかりでなく、長い人生やキャリアにおいても中間地点を通過している。

『働くひとのためのキャリア・デザイン』でぼくが書いたセリフです。中年への過渡期にさしかかると、人生の半分を歩んだときに、将来を展望するためにこれまでの来し方を内省するのが重要です。

「うちの会社は順調にいっている。環境を的確につかまえて、うまく適応しているから、大変革は必要ない」と考えているひとがおおぜいいるとしたら、その会社はいずれ危なくなる。

『組織変革のビジョン』でぼくが書いた言葉です。

語りにくいコツ、語っても伝わりにくいコツというものがあるが、語らなかったらもっと伝わりにくい。

『リーダーシップ入門』でぼくが書いた言葉です。リーダーシップのコツを暗黙知のまま放置しないほうがいいでしょう。

どんなに有名な理論でも、自分にまったくあてはまらないのなら信じる気持ちにもなりにくいし、それを実践に役立てることもむずかしい。

『働くみんなのモティベーション論』でぼくが書いた言葉です。

見返すたびに、改善すべき個所ばかりが気になる。

『創造の狂気　ウォルト・ディズニー』（ニール・ゲイブラー／中谷和男訳／ダイヤモンド社）で書かれた、ウォルト・ディズニーが『白雪姫』の公開直前に言ったというセリフ。

結局のところ、自分が自分のことをどう思うかが自己イメージだ。

『働くひとのためのキャリア・デザイン』でぼくが書いたセリフです。ほんとうのところ自分がなにをやりたいのかは、人から教えてもらえる筋合いの問いではありません。

人生が短いのではなく、その多くを浪費しているのだ。

『リーダーシップの旅』で、ぼくが書いた言葉です。セネカがかつて書いていました。ビジネスとは、単に「忙しいこと（ビジー・ネス）」ではないのです。

われわれは生き残るためにだけ生きているのではなく、自分らしさというよりどころを求めている。

『キャリア常識の嘘』でぼくが書いたセリフです。他方でわれわれは、生き残ることができなければ、自分らしく生きていくこともできません。

経営者は「このままでは生き残れない」といった危機感をあおりがちだ。

『組織変革のビジョン』でぼくが書いた言葉です。危機感が変革の大きな動機づけになることは真理だが、危機感は馬鹿力を出す出発点としてはいいが、持続するエネルギーになりません。

若者はすべからく広い世界に出て、外をみてくることだ。

『ご冗談でしょう、ファインマンさん（上）』（R・P・ファインマン／大貫昌子訳／岩波現代文庫）で著者が、世界一と思っていたMITを離れてみて、あらためて感じた言葉です。

シャワーを浴びるように、たくさんの理論にふれることだ。

『働くみんなのモティベーション論』でぼくが書いた言葉です。ひとりの学者の理論と心中するよりも、いろんな理論に接したほうがいいのです。

本人が自覚している以上に、しばしば部下たちは自分の行動をよく見ている。

『リーダーシップ入門』でぼくが書いた言葉です。

ひとはしばしば、自分が得意なことを、好きなことだと勘違いしてしまう。

『働くひとのためのキャリア・デザイン』でぼくが書いたセリフです。ほんとうのところ自分がなにをやりたいのかは、けっこう難しい問いです。

キャリアとは、「たった一回限りの自分の人生を運ぶもの」という意味で、馬車や車と同語源。

『リーダーシップの旅』で、ぼくが書いた言葉です。

個人も、集団も、組織も、脅威がほどほどであれば危機感や最適ストレスになり、そこから変革も学習もはじまる。

『組織変革のビジョン』でぼくが書いた言葉です。しかし、あるレベルを超えると硬直を招き、判断停止になりかねませんけれど。

自分なりのリーダーシップの表現型には、自分らしさ、個性があってしかるべきだ。

『リーダーシップ入門』でぼくが書いた言葉です。

持論を持つ究極の目的は、自分が自分の主人公となることだ。

『働くみんなのモティベーション論』でぼくが書いた言葉です。それが、やる気の自己調整の達人に近づくことです。

失敗したとしても、そのときはまたコツコツやろう。

『決断の経営』（松下幸之助／PHP研究所）内で語られた、松下電器創業者の松下幸之助による「失敗してもともと、人生に失敗などはない」という方針についてのセリフ。

動機、欲求の自己イメージに関しては、他者の声よりも自分の内面の声に耳を傾けることが重要になってくる。

『働くひとのためのキャリア・デザイン』でぼくが書いたセリフです。仕事が長期的に本人にもたらす意味や価値も重要なのです。

この世界を知人からなる膨大なネットワークとしてみると、世界はある意味で「小さい」ということだった。

『スモールワールド・ネットワーク』（ダンカン・ワッツ／辻竜平、友知政樹訳／阪急コミュニケーションズ）より。「6つのステップで全世界の人々とつながっている」という指摘は、「やる気」を考える際にも示唆的です。

節目節目に一皮ずつむけ、自分なりの「物語」を紡ぎ、自分らしいキャリアを積み重ねていく。

『組織変革のビジョン』でぼくが書いた言葉です。それがあなたのあなたらしいキャリアとなり、器づくりになるのです。

数字よりも物語のほうがパワフルだ。

『リーダーシップ入門』でぼくが書いた言葉です。

自分のことがわからないと、人びとのことがわからない。

『働くみんなのモティベーション論』でぼくが書いた言葉です。だが、自分にあてはまることが、皆にもあてはまると思ったら、傲慢ですけれど。

優先順位の決定について最も重要なことは、分析ではなく勇気である。

『ドラッカー名言集 仕事の哲学』（P・F・ドラッカー／上田惇生編訳／ダイヤモンド社）で語られた、ドラッカーによる決断についてのセリフ。

どういう自分ならしっくりするのか、自己イメージを節目ではチェックしたほうがよい。

『働くひとのためのキャリア・デザイン』でぼくが書いたセリフです。最近のキャリア研究では、仕事のなかの精神性というテーマで研究が蓄積されつつあります。

かなり人づくりに力を入れた戦略論を展開中だが本当に経営者の器のある人材まではつくれていない企業は結構あるものだ。

『リーダーシップの旅』で、ぼくが書いた言葉です。

自分自身にしっくりする言葉に置き換える努力をけっして怠らないように。

『リーダーシップ入門』でぼくが書いた言葉です。

アクションに結びつかない学習は無力だし、……アクションそのものが硬直していれば学習に意味はない。

『リーダーシップ入門』でぼくが書いた言葉です。これは、教育学と経営学に従事してきたアージリスの考えを紹介したものでした。

自分を振り返れば、どんなときに自分はがんばれるか、どんな場面ではやる気が失せるか、自分で説明できる部分があるだろう。

『働くみんなのモティベーション論』でぼくが書いたセリフです。

アッタマにきた、ということを第一に言わなければいけない。

『吉野家　安部修仁　逆境の経営学』（戸田顕司／日経BP社）で語られた吉野家社長による方針のセリフ。社長の言葉は増幅して伝わるから、感情をこめなければならないという。

自分はこれまでだれとつながり、その関係をどのように生かしてきたか。

『働くひとのためのキャリア・デザイン』でぼくが書いたセリフです。米国サフォーク大学のマイケル・アーサーがキャリアの内省のために問いかけたことのひとつでした。

忙しいから絵が描けないのではなく、描けないから忙しいだけだ。

『リーダーシップの旅』で、ぼくが書いた言葉です。多忙だと嘆くビジネスパーソンほど、大きな絵を描いたり、それにじっくり、完遂するための集中力をもったりできない場合は多いのです。

達成動機の高いひとは、より大きな課題に挑むので、その分、失敗の恐怖感も大きい。

『組織変革のビジョン』でぼくが書いた言葉です。本人も上司も、そのことを自覚する必要があります。

一度とことん打ち込むという経験をしていることは、そのときだけでなく一生の財産でもある。

『働くみんなのモティベーション論』でぼくが書いた言葉です。

人間性、と表現されるしかない、存在の総合的魅力が職を引き寄せる。

『ジョブ・クリエイション』（玄田有史／日本経済新聞社）で雇用を研究した著者が最後に記したこと。「他者のせいにして希望する職にありつけることはない」とも。

周りに迷惑な元気ではだめなのだ。

『リーダーシップ入門』でぼくが書いた言葉です。

自分ならではの強みはどこにあるのか。

『働くひとのためのキャリア・デザイン』でぼくが書いたセリフです。米国サフォーク大学のマイケル・アーサーがキャリアの内省のために問いかけたことのひとつでした。

きちんと言うべきことを言っているからこそ、謙虚になれる。

『リーダーシップ入門』で、ぼくが書いた言葉です。

皆がどう思うか、どう感じるか次第だ。

『リーダーシップ入門』でぼくが書いた言葉です。これは、さりげない視点だけれども、日常の生活のなかでリーダーシップとはなにかを考えるうえで、実践的にも有力なひとつの視点です。

人から見てつまらない人生に見えても、自分自身で、本当に人生良かったというのが一番いいから。

『二十歳のころ』（立花隆＋東京大学教養学部立花隆ゼミ／新潮社）で、川上哲治元読売巨人軍監督が「若い人へのメッセージを」と聞かれたときに語った言葉です。

変革の影響を受ける人びとにも、恐れや不安、仕事が増えることはイヤだといった感情がある。

『組織変革のビジョン』でぼくが書いた言葉です。その感情の強弱が、改革への反対や抵抗のレベルを決めるのです。

商売は、お客さまを大事にすること、信用を大事にすること、に尽きる。

『商いの道　経営の原点を考える』（伊藤雅俊／PHP研究所）内で語られた、イトーヨーカドーグループ創業者の伊藤雅俊氏が母親から学んだ商売をおこなうときの方針。

自分を材料にせずに読み進むのは避けてほしい。

『働くひとのためのキャリア・デザイン』でぼくが書いたセリフです。キャリアの本は、自分を内省する道具にしなければ意味がないのです。

自分探しが、逃げ道や問題先送りの言い訳になっている限り、それは私たちをどこにも連れていってくれない。

『リーダーシップの旅』で、ぼくが書いた言葉です。現実と向き合って、自分にとってのハードルを一つ一つ乗り越えていくことが必要ではないでしょうか。

言語化が、行為の内省における鍵を握る。

『リーダーシップ入門』でぼくが書いた言葉です。

緊張とはいいものだ。それがあるから、ひとは動く。

『働くみんなのモティベーション論』でぼくが書いた言葉です。かつて、大学の助手の時代にぼくが兄から言われたセリフでした。

装備も道具もなく、私は全身全霊で仕事に励み、自分の全体を救おうとした。

『言葉』（サルトル／澤田直訳）の最後にサルトルが記していた言葉。「私は時代のために書く」と言った哲学者であり小説家のサルトルのひとつの方針とも言えよう。

夢は現実に照らし合わせて吟味され、実現への一歩を歩み始めてこそさらに価値がある。

『働くひとのためのキャリア・デザイン』でぼくが書いたセリフです。仕事や組織については、現実主義的な認識を持つことが大切なのです。

集団規範が集団の団結とセットにならなければならない。

『組織変革のビジョン』でぼくが書いた言葉です。組織変革でも、「はじめに団結ありき」とか「団結さえしていればやり遂げられる」は通用しません。団結しているわけが問われないといけないのです。

自分の持論が自覚されないと、自分の考えと現実とのすりあわせが十分になされない。

『リーダーシップ入門』でぼくが書いた言葉です。そのままでは、持論がもたらすアクション、そのアクションがもたらす結果との関係も見えてこないのです。

手段であるはずの信用蓄積が、いつの間にか目的になってしまうと、私たちは旅に出ることができなくなる。

『リーダーシップの旅』で、ぼくが書いた言葉です。しかも、皮肉なことに、努力家で責任感が強い人ほど、日常に追われ、不毛な忙しさから抜け出しにくい可能性があるのです。

とことんやり抜くひとは、自分に対しても、部下に対しても、報酬のためだけでなく、達成感、成長感、仕事の楽しみなど、内発的なものにも訴える必要があることがわかっているはずだ。

『働くみんなのモティベーション論』でぼくが書いた言葉です。

高いところへは、他人によって運ばれてはならない。

『ツァラトゥストラはこう言った』（ニーチェ／氷上英廣訳／岩波文庫）で書かれたセリフ。ほかにも「『……のために』を捨てなさい」など刺激的なセリフが目立つ。

どんなに有力な意見であっても、鵜呑みにせずに。

『働くひとのためのキャリア・デザイン』でぼくが書いたセリフです。キャリアについては、自分にとって、仲間にとってどうなのか、と考えることが必要なのです。

ほんとうに信じて実行していることでないと、持論として語る意味がない。

『リーダーシップ入門』で、ぼくが書いた言葉です。

取り去ってしまったものはもどらない。

『組織変革のビジョン』でぼくが書いた言葉です。これがいきすぎてしまうと、摘出したほうがいい企業文化も残しておこうかという考えに陥ってしまうのですけれど。

自分がついつい実際に寄りかかっている理論を探る手間が、それに要する時間と労力に値する。

『リーダーシップ入門』でぼくが書いた言葉です。

管理職になり部下を持つようになるころには、自分にだけ成り立つ（狭義の）セルフ・セオリーにのみ甘んじていてはいけない。

『働くみんなのモティベーション論』でぼくが書いた言葉です。それが、達成感や自己実現など一見、人間主義的な欲求に注目するセオリーであっても、ひとりよがりとなります。

地獄とはわれわれ自身のことだ。

『食卓作法の起源』（クロード・レヴィ＝ストロース／渡辺公三、榎本譲、福田素子、小林真紀子訳／みすず書房）の言葉。他人より自分に原因があるかもしれないという考え方。

組織が道案内してくれる時代は終わりつつある。

『働くひとのためのキャリア・デザイン』でぼくが書いたセリフです。だから、キャリアをデザインするという発想が求められつつあるのです。

人生を運ぶものは、何を原動力に動いているのか。

『リーダーシップの旅』で、ぼくが書いた言葉です。これは、起業する人、冒険に出る人だけを特別視せずに考えるべきです。

歩き出さないと、本当に役に立つ地図かどうか分からない。

『組織変革のビジョン』でぼくが書いた言葉です。歩き出す前に正しいかどうかをどれほど真剣に考えても、答えは出ないところがあります。

リーダーシップについて学習したいと思うのなら、まずなによりも、自分なりのリーダーシップ持論を探ることが大事だ。

『リーダーシップ入門』でぼくが書いた言葉です。語る相手が当面はいなくても、内省の結果をまずは自分のために言語化することです。

これ以上は危機感に訴えている場合ではないと気づけば、もっと夢や希望を自分に語るようにする。

『働くみんなのモティベーション論』でぼくが書いた言葉です。

山は高く水は深し、雲閑にして風静かなり。

『一日一禅』（秋月龍珉／講談社学術文庫）で語られた、幕末の槍術の名手、高橋泥舟が師匠の和尚に学んだとされる槍術の境地である。

個人の側が組織に対して絶えず「雇用に値する自分の能力、つまり就業可能性」を編み揚げることが新たな前提となりつつある。

『働くひとのためのキャリア・デザイン』でぼくが書いたセリフです。他社でも勤まるような就業可能性をめざす現在の社会について触れたところです。

私たちは、この数年で、どんな信用を蓄積したのだろうか。

『リーダーシップの旅』で、ぼくが書いた言葉です。実績を上げ、人の信頼をかち取り、信用を蓄積していくことは、自分にとってのリーダーシップの旅を準備するためにも、旅を始め、継続するためにも有効なのです。

リーダーシップ開発は、やはり仕事の経験に根ざすキャリア開発と結びつかないかぎり実現しない。

『組織変革のビジョン』でぼくが書いた言葉です。変革そのものの学校は、実際になにごとかを変革する仕事体験なのです。

リーダーがフォロワーに影響力を行使するためには、フォロワーがそのリーダーに信頼を寄せていないといけない。

『リーダーシップ入門』でぼくが書いた言葉です。

意識する存在にとって生存するということは、変化することであり、変化するということは、経験を積むことであり、経験を積むということは、無限におのれ自身を創造していくことである。

『創造的進化』（ベルグソン／松浪信三郎、高橋允昭訳／白水社）より。ベルグソンが、約一世紀前に書いた本の言葉です。

人はふつう、自分自身で見つけた理由によるほうが、他人の精神のなかで生まれた理由によるよりも、いっそうよく納得するものである。

『パンセ』（パスカル／前田陽一、由木康訳／中公クラシックス）で語られたセリフ。

いま、キャリア観が揺れ動いているのは確かだ。

『働くひとのためのキャリア・デザイン』でぼくが書いたセリフです。しかし、すぐに大騒ぎをしてしまうのは軽薄なのです。

本人がベストとして回想する経験でも、くぐっている最中は修羅場だったような経験が多い。

『リーダーシップの旅』で、ぼくが書いた言葉です。

変革は未知の大海、それも怒濤逆巻く大海に乗り出していくようなもの。

『組織変革のビジョン』でぼくが書いた言葉です。どんな未知のモンスターが待ち受けているかわからないのです。変革をおこなう人にはそうした恐れがあり、その恐れや不安を克服した人だけが変革を成功させられます。

描いた本人にとってはどんなにビジョンが魅力的であっても、その判断やそのビジョンにしたがってついてくるひとたちがいなければ、そのひとにはリーダーシップはないことになる。

『リーダーシップ入門』でぼくが書いた言葉です。

明確な目標があったことと、うまく任されたこととは、別ごとではない。両者は相互に関連している。

『働くみんなのモティベーション論』でぼくが書いた言葉です。

絶えず、自分の信念は正しいのだろうかという問いを自分のうちに呼びおこしている必要がある。

『永遠のドストエフスキー』（中村健之介／中公新書）で記された、ドストエフスキーが手帳に書きつけていたとされる言葉。

長くいたこの会社が好きだというひともいっぱいおられるだろう。

『働くひとのためのキャリア・デザイン』でぼくが書いたセリフです。時代が変わっても、私なりの感情をもつのは、けっしてまずいことではないのです。

変化というと、人びとは新しいはじまりにばかり目を向けがちだが、大きな転機であればあるほど、テレビのチャンネルを変えるようには新しいはじまりに移れない。

『組織変革のビジョン』でぼくが書いた言葉です。

われわれは、「あいつにはリーダーシップがある」というような感想をふだんから語っている。

『リーダーシップ入門』でぼくが書いた言葉です。それは、素朴ながらだれもがリーダーシップの理論をもっているからです。

直観も必要だが、決断できなければただの予想屋にすぎない。

『リーダーシップの旅』で、ぼくが書いた言葉です。

いったん夢や目標が実現しても、今度はまた、より大きな夢、より高い目標をもつから、また、現状とのズレにさいなまれる。

『働くみんなのモティベーション論』でぼくが書いた言葉です。このことが次の行動を始動させる限り、ポジティブな循環なのです。

外に出して説明することができねば、ほんとうによくわかったということにはなりにくい。

『「わかる」とは何か』（長尾真／岩波新書）内の言葉。「『わかった！』というのは、知識を得たのではなく、自分のもっている知識によって、ある状況が解釈できたという場合である」とも。

キャリアの問題に対して、今まで以上に自覚的になろう。

『働くひとのためのキャリア・デザイン』でぼくが書いたセリフです。揺れ動いている時代だからこそ、積極的にキャリアをデザインすることがもとめられているのです。

ストレスもためる代わりに、解除するほうの笑いも人間にはやりましょう、というわけです。

『笑いの力』（河合隼雄、養老孟司、筒井康隆／岩波書店）で河合氏は、ストレスとひきかえに文明を手にした人間が、生まれつきにある「自然の力」として笑う効用を述べています。

他者のなかに「すばらしいリーダー」像を探るだけでなく、自分のなかにもそれがあることを探るのを忘れないでほしい。

『リーダーシップ入門』でぼくが書いた言葉です。

今打ち込んでいることが、そのひとが将来なりたい姿につながっているときに、充実感はひとしおだ。

『働くみんなのモティベーション論』でぼくが書いた言葉です。

口が達者なだけで、手が動かんというやつが一番大変です。

『木に学べ』（西岡常一／小学館ライブラリー）に書かれた宮大工の棟梁のセリフ。「作ってみせるということができないのですからな」。

「後ろを振り向いたら、嫌々ではなく、喜んでついてくるフォロワーがいますか？」

『リーダーシップの旅』で、ぼくが書いた言葉です。この問いかけによっても、リーダーシップがその場に発生しているかどうかを目に見えるかたちで試すことができます。

一見相互に矛盾する原則に出会ったときに、より考えが深まる。

『リーダーシップ入門』でぼくが書いた言葉です。矛盾にぶちあたると、選択を迫られることにもなるからです。

節目での問いかけは、原因がたとえ外部にあっても、内面からの問いになっていかなければならない。

『働くひとのためのキャリア・デザイン』でぼくが書いたセリフです。節目だからこそ長期的なキャリアを考える必要に迫られているのです。

キャリアの節目のやる気の問題は、しばしば「捨てる」ことによって、大きく喚起される。

『働くみんなのモティベーション論』でぼくが書いた言葉です。とくに中年にさしかかるころには、人生を歩むためのメモリが満杯になっているので、空っぽに近くした方がいいといわれます。

定義してみても、時代とともにうつろいやすいだろう。

『絵のある人生』（安野光雅／岩波新書）内の言葉。画家の安野氏が友人から「美」の定義について聞いたセリフ。おかげで美とは何かと詮索しなくて済むようになったという。

〈夢なんか実現しっこない〉というひともいるが、実は〈夢しか実現しないのだ〉。

『働くひとのためのキャリア・デザイン』でぼくが書いたセリフです。ベンチャー経営者の増田宗昭さんがぼくとのインタビューで語ってくれました。

「一皮むけた経験」で最も教訓が多いのは、「ゼロからの立ち上げプロジェクト」なのだ。

『リーダーシップの旅』で、ぼくが調査結果をもとに書いた言葉です。

ローカルなノレッジであることを恥じる必要はまったくない。

『リーダーシップ入門』でぼくが書いた言葉です。今自分がいる場で成立することがいちばん。自分が置かれた状況にもふさわしく、自分の持ち味に合った持論をめざしましょう。

人間というものは達成済み事項よりも、未達の事項が気になる（よりよく思い出す）。

『働くみんなのモティベーション論』で、ツァイガルニーク効果というのを説明するためにぼくが書いた言葉です。

自分をどこに導きたいか分からずに、人は動かせない。

『リーダーシップの旅』で、ぼくが書いた言葉です。力づくで人を動かすのでないのなら、自分が結果としてリーダーになることになる状況の意味合いを、うまく感知できないといけません。

変革のデザイナーという意識をもてるか、変化の犠牲者という意識に陥ってしまうか。

『働くひとのためのキャリア・デザイン』でぼくが書いたセリフです。このどちらを選択するのかで、キャリアの歩みはちがうものになるのではないでしょうか。

ギリギリの状況に追い込まれれば、人間は考えざるをえない。

『連戦連敗』（安藤忠雄／東京大学出版会）内の安藤氏の言葉。

われわれは、科学という名の下に、いつも普遍的な理論がいいと言ってきた。

『リーダーシップ入門』でぼくが書いた言葉です。ローカルでパーソナルな理論をもっと大切にしていいのです。

自分だけでなく、自分を取り囲む周りのひとも説明できるのが、トータルな持論だ。

『働くみんなのモティベーション論』でぼくが書いた言葉です。

「旅」とは、惰性的な日常を離れ思考の深度を深める、自分との「対話」なのです。

『建築を語る』（安藤忠雄／東京大学出版会）内の安藤氏の言葉。「旅するうちに、必要のないものは切り捨てられ裸の自分と向き合う。その過程で一進一退を繰り返していく。これが一人の人間を強くしていくのです」とも。

大きな絵を描くことを忘れていないか。

『リーダーシップの旅』で、ぼくが書いた言葉です。立ち止まって振り返らないと、見えないものがあります。

状況との適合性を問わずともどこでも普遍的に成り立つ原理・原則となると、具体的というよりも抽象度が高くなる。

『リーダーシップ入門』でぼくが書いた言葉です。

ひとりひとりのトランジション（転機）経験はかけがえのないもので一般化を拒む。

『働くひとのためのキャリア・デザイン』でぼくが書いたセリフです。ウイリアム・ブリッジズの臨床心理学の研究がこのことをあらわしていました。

アイデアを考えながら書いていく段階もさることながら、書かれたものに間違い、よけいな重複がないかチェックするのは骨が折れる。

『働くみんなのモティベーション論』でぼくが書いた言葉です。あなたの方針を書く過程もそうなのだと思います。

自分がほんとうに信じているることでないと、持論として語る意味がない。

『リーダーシップ入門』でぼくが書いた言葉です。その人の存在がそのまま見本・手本になっているなら、持論を語る意味や迫力が非常に大きいものになります。

単純な論法で説明がついたときに、人間はわかったと心から思えるのではないか。

『渋滞学』（西成活裕／新潮選書）に書かれた、「わかること」についての言葉。「部分の集まりと全体は異なる」という角度で渋滞を研究している西成氏の実感のようである。

人間力のあるひととは、……確固たる人間観、ひとがもつ欲求についても、ホーリスティックなストーリーをもつに至っているものだ。

『働くみんなのモティベーション論』でぼくが書いた言葉です。

一見、開始の問題に見えるものは、実は、終焉をきちんとできていないという問題であることが多い。

『働くひとのためのキャリア・デザイン』でぼくが書いたセリフです。「始まるもの」と同時に「終わるもの」に折りあいをつけるのもキャリアなのです。

たとい失敗したとしても、試してみないよりは遥かに重要なのだ。

『現代建築史』（ケネス・フランプトン／中村敏男訳／青土社）内で記された、フランク・ロイド・ライトが空想を重視する方針について語ったセリフ。

中立圏というのは一見どっちつかずの宙ぶらりんな段階だが、それはけっして消極的な段階ではない。

『働くひとのためのキャリア・デザイン』でぼくが書いたセリフです。始まりと終わりの間には、準備期間が必要なのです。

言いたいことが多すぎて、また、言いたいことがなかなかうまく書けなくて完成まで苦労した。

『リーダーシップ入門』でぼくが書いた言葉です。ぼくの場合はどの本を書いていてもそうなのですから、みなさんの方針も苦労があって当然です。

高い目標を設定する方が、低い目標に甘んじるよりよい。

『働くみんなのモティベーション論』でぼくが書いた言葉です。困難度は「やりがい（挑戦）の基準」とも呼ばれます。

競争は多様なものの見かたを育て、多用な環境に芽吹いた発想を交流させる。

『フォン・ノイマンの生涯』（ノーマン・マクレイ／渡辺正、芦田みどり訳／朝日選書）で、フォン・ノイマンが語ったと記された言葉。「科学は、友好的な競争を通じて前に進む」とも。

新しい扉が開いているのに、人びとは閉じている扉ばかり見てしまう。

『働くひとのためのキャリア・デザイン』でぼくが書いたセリフです。これは、グラハム・ベルの発言を引用したものでした。

どんなにすごい実践家の持論でも、内容をまるごと鵜呑みにする必要はない。

『リーダーシップ入門』でぼくが書いた言葉です。他人の持論は素材のひとつにすぎないと思うほうがいい。

目標が意識されないと、無為にときを過ごしがちだ。目標がないと生活に張りがなくなる。

『働くみんなのモティベーション論』でぼくが書いた言葉です。

書くに値する思想があれば、素材と内容は自然にあふれてくる。

『読書について』（ショーペンハウエル／斉藤忍随訳／岩波文庫）に記されたひとつの方針。「必要に迫られてできた文章は、そのどこをとっても空虚な個所がない」とも。

たいへんな時代が始まったんではないよ。らくちんな時代が終わっただけさ。

『働くひとのためのキャリア・デザイン』でぼくが書いたセリフです。喜劇映画で活躍したマルクス兄弟の三男グルーチョ・マルクスの発言を引用しました。

人びとは、逆説的なことに、ベストを尽くそうとしているときには、ベストを尽くせない。

『働くみんなのモティベーション論』より。「ベスト」が具体的に述べられていないため、曖昧な目標となるからです。経営学者エドウィン・A・ロックの発言を引用しました。

いわば自分の勉強のための教科書のようなものでもあり、私自身これを座右において、日々自分をただす資としていきたい。

『リーダーシップ入門』でぼくが書いた言葉です。松下幸之助『指導者の条件』から引用をさせていただきました。

無思慮な熱気にあおられて論戦にまきこまれても益はない。

『自由と社会的抑圧』（シモーヌ・ヴェイユ／冨原眞弓訳／岩波文庫）に記されたひとつの「熱気」についての方針である。

流されることがもっている意外な力というものもある。

『働くひとのためのキャリア・デザイン』でぼくが書いたセリフです。ときには、流されること（ドリフト）も必要なのではないでしょうか。

コミットしない目標は、パワーを発揮しない。単なるお題目になる。

『働くみんなのモティベーション論』でぼくが書いた言葉です。目標は本人にしっかりと受容され、納得のいくものでないといけません。

「こんなコツを言葉にするなんてばからしい」と思わず、うまくリーダーシップをとるコツだと思ったものをなんでもメモしていこう。

『リーダーシップ入門』でぼくが書いた言葉です。書かなければわからないことがあるのです。

夢は、そのなかに具体的な目標や、その目標に至るステップが具体的に描かれると実現可能性が高まるという意味で、よい夢のなかに目標は織り込まれている。

『働くみんなのモティベーション論』でぼくが書いた言葉です。

わたしがなにを言いたいかは、言ってみないとわからない。

『働くひとのためのキャリア・デザイン』でぼくが書いたセリフです。ミシガン大学の組織論の学者のカール・ワイクが主張していたことでした。

記憶せよ、各人はただ現在、この一瞬間にすぎない現在のみに生きるのだということを。

『自省録』（マルクス・アウレーリウス／神谷美恵子訳／岩波書店）に書かれた「現在」についてのとらえかたの方針。「ゆえに各人の一生は小さい」とも書かれています。

ネットワークが形成されなければ、変革のための大きな絵は、絵に描いた餅のままになってしまう。

『リーダーシップ入門』でぼくが書いた言葉です。

人間は、これは私である、といって正直な自分自身については語れないが、他の人間に託して、よく正直な自分自身について語っている。

『蝦蟇の油』（黒澤明／岩波書店）に書かれた黒澤氏の方針。

何十年にも及ぶキャリアの全体をデザインしきれると思ったら不遜である。

『働くひとのためのキャリア・デザイン』でぼくが書いたセリフです。これに気がつかないと、過剰な計画や過剰な設計をめざして疲れてしまいます。

私が進んで鍛えてきた意志の力が少々ふるえる足や、いささかくたびれた肺を支えてくれるでしょう。

『ゲバラ日記』（チェ・ゲバラ／高橋正訳／角川文庫）より。訳者が引用した「両親への別れの手紙」でゲバラが書いている言葉です。

同じものを100回スケッチすることもあります。

『ディック・ブルーナのデザイン』（芸術新潮編集部編／新潮社）に記された、ディック・ブルーナの時間をかけて、少しずつものごとを進行させてゆく方針。

いいものに出会い、偶然を生かすには、むしろすべてをデザインしきらないほうがいい。

『働くひとのためのキャリア・デザイン』でぼくが書いたセリフです。偶然を生かすことは、掘り出し物（セレンディピティ）を楽しむことです。

今がんばっている理由が、どこかでなりたい自分、なれる自分と結びつくとき、目標設定は、モティベーション論の射程を超えて、キャリアや人生全体のデザインという問題にまで近づいていく。

『働くみんなのモティベーション論』でぼくが書いた言葉です。

ひとは自分で選ぶと、ある範囲内から、行動プランを選んでしまう。

『働くひとのためのキャリア・デザイン』でぼくが書いたセリフです。それだと、自分の思わぬ才能を発見するなどということがなくなるのです。

一流の学者なら自分で一流の理論をもつべきだが、それを流布するだけでは足りない。

『働くみんなのモティベーション論』でぼくが書いた言葉です。その前に全体の地図を示し、「わたしはこの部分を研究している」ということを言うべきではないか。そうしないと、十人十色という現実には対応できません。

回り道がまっすぐな道や思えば、まっすぐな道や思う道が、ほんまは回り道やちがうやろか。

『映画は狂気の旅である』（今村昌平／日本経済新聞社）に書かれた、三十一歳で監督デビューをしたときの今村氏の気持ち。

入社後は、むしろ少し肩の力を抜いてドリフトの洗礼も受けたほうがいい。

『働くひとのためのキャリア・デザイン』でぼくが書いたセリフです。二十歳前後のときの就職活動で躍起になったまま仕事に突入するのはあぶないです。

人が現実に生きていることと、人間いかに生きるべきかということには大きな隔たりがある。

『マキアヴェリ、イタリアを憂う』（澤井繁男／講談社選書メチエ）で記された、マキアヴェリの文章の一節。

かつて、ゲーテは、『ファウスト』のなかで、「ひとは努めている限り、迷うものだ」と語った。

『働くみんなのモティベーション論』でぼくが書いた言葉です。あらゆることを知ったつもりでも、知らないことがいっぱいあります。努力を重ねてきているつもりでも、ふと、この努力はなんなのだろうと思う瞬間があります。

謎は私たちの人生において絶対になくてはならないものです。

『ファーストマン』（ジェイムズ・R・ハンセン／日暮雅通、水谷淳訳／ソフトバンククリエイティブ）における、宇宙飛行士ニール・アームストロングのセリフ。

心から元気なひとと元気を喪失しかけているひとを見つけて、なにが両者を分けているか考察してほしい。

『働くひとのためのキャリア・デザイン』でぼくが書いたセリフです。自分で考察することで、悪循環から抜け、いい循環を求めることができるのです。

正しいと思うのなら、迷わず果敢にアクションをとるべきなのに、そのアクションの結果だれかが悲しむ、がっかりすることを気に懸けると、正しいアクションがとれなくなってしまう。

『リーダーシップ入門』でぼくが書いた言葉です。ありがちなことです。

持論は経験と結びつかないとただのリスト、ただの訓戒のように思えるので、具体的な経験とつながってこそ、原理・原則に命が通う。

『リーダーシップ入門』でぼくが書いた言葉です。

道の姿がきちんと見えるまでは、アクションをしっかり重ねないといけない。

『働くひとのためのキャリア・デザイン』でぼくが書いたセリフです。ふらふらと仕事を変わりすぎてしまうことのないように、という言葉です。

思考は口のなかで生まれる。

『ミッシェル・レリス日記』（ジャン・ジャマン校注／千葉文夫訳／みすず書房）内で六十七年間も日記を書きつづけた作家レリスが好んで引用したセリフ。

いくつになってもときめくものがあり、打ち込む気になれることは尊い。

『働くみんなのモティベーション論』でぼくが書いた言葉です。どの世界でも、子どもでもオトナでも、充実してなにかに打ち込んでいる姿を見るのはうれしいものです。そして、自分が我を忘れるほどに、没頭、熱中できるほどのことがあるのはうれしいものです。

念じるだけでなく、しっかりと行動を起こすことがまたすごく大事だ。

『働くひとのためのキャリア・デザイン』でぼくが書いたセリフです。夢を抱いたあとは、アクションや元気が大事なのです。

性格からして、自分という人間のもっとも内奥にあるものについて、他人と話しあうようなことはできないものでね。

『DUCHAMP』（カルヴィン・トムキンズ／木下哲夫訳／みすず書房）に記された、芸術家マルセル・デュシャンのセリフ。

やる気は内側から溢れ出るものだというひともいれば、それは、やっぱり外圧や褒美があるから起こるものだというひともいるだろう。

『働くみんなのモティベーション論』でぼくが書いた言葉です。それぞれの人なりに、自分によりぴったりするキーワードをもとに、ストーリーをもっているかもしれません。

自分の成し遂げたことを総体として自己肯定できなければならない。

『働くひとのためのキャリア・デザイン』で野田正彰先生に影響されてぼくが書いた言葉です。うまくいかなかったことも含めて肯定することは大切です。

映画製作を休めと言われるのは、子どもに遊ばずに休めと言うようなものだ。

『映画監督スタンリー・キューブリック』（ヴィンセント・ロブロット／浜野保樹、櫻井英里子訳／晶文社）に書かれた、映画監督キューブリックのセリフ。

いろんな理論があるのなら、それらの多くに耳を傾けながら、自分の実践的持論にぴったりの理論から、自分の考えへの接木をおこなえばよい。

『働くみんなのモティベーション論』でぼくが書いた言葉です。

逆算思考するのは、いかに夢の実現に大事かがわかるだろう。

『働くひとのためのキャリア・デザイン』でぼくが書いたセリフです。人生が有限だと前提して、四十代からのキャリアを考えることは大切なのです。

霊感と呼ばれる熱に浮かされたような状態に用心しなければならない。

『カポーティ』（ジェラルド・クラーク／中野圭二訳／文藝春秋）に書かれた、トルーマン・カポーティの執筆方針。「すべては冷静に、落ち着いてなされるべきなのだ」とも。

今のままでいいと思ってしまうと、易きに流れてしまう。

『働くみんなのモティベーション論』でぼくが書いた言葉です。

決断とリスクはワンセットである。

『決断力』（羽生善治／角川Ｏｎｅテーマ21）に書かれた勝負の方針。「リスクを避けていては、その対戦に勝ったとしてもいい将棋は残すことはできない」とも。

霧がかかっていると思ったら、メンターを探すことが大事だ。

『働くひとのためのキャリア・デザイン』でぼくが書いたセリフです。ひとりで生きているわけではないので、どんづまり感があったら、指導してくれる大切な人を探すことも有効なのです。

外圧を利用して自分を危機感に追い込むこともあれば、あえてズレから目をそらしてリラックスする（鈍くなる）時期を設けるなどして、緩急自在の日々を送ることだ。

『働くみんなのモティベーション論』でぼくが書いた言葉です。

石の上にも三年。

『働くひとのためのキャリア・デザイン』でぼくが引いたことわざです。仕事や会社の魅力や、自分の能力や動機が姿を見せる前にやめる人も少なくありません。

ひとがこのままではダメだという心配ゆえに、緊張しながら働くというだけでは、人生はつらい。

『働くみんなのモティベーション論』でぼくが書いた言葉です。

やってみないと、ほんとうに自分にあっているかどうかはわからない。

『働くひとのためのキャリア・デザイン』でぼくが書いたセリフです。若いうちは変わるなら変わればいいというところもあるのです。

「自分はどうわからないのか？」——それこそが、「わかる」に至るための〝方向〟である。

『「わからない」という方法』（橋本治／集英社新書）に書かれた考える方針。「人の言う方法に頼る時代は終わった」とも。

落書きは楽だ。他人に見せるわけではなし、自分が描きたいものが描けるし、どんなに絵が下手だって、安心して描ける。

『手塚治虫のマンガの描き方』（手塚治虫／講談社）で書かれた執筆の方針。「マンガは落書きからはじまる」とも。

夢や希望は、それをめざす姿は美しい。

『働くみんなのモティベーション論』でぼくが書いた言葉です。しかし、達成して、たとえば、旅の目的地に着いたのにがっかりしたり、逆に、夢がかなったら、呆けてしまって、活動がとまってしまったとするなら、ネガティブなのです。

先生は、〈虫けら〉のように扱われたことはないでしょう。

『働くひとのためのキャリア・デザイン』でぼくが書いたセリフです。ぼくがいわれて、会社とはそういうときもあるのかと思わされた言葉です。

まじめに生きてきた話なんか、だれもしないし、聞くほうだっていやだもんね。

『なんでそーなるの？』（萩本欽一／日本文芸社）に書かれた方針。「悪い子のほうが、なんか楽しそうに生きてる感じしない？」とも。

希望を抱いて旅をする方が、到着してしまうより素晴らしい。

『働くみんなのモティベーション論』でロバート・L・スティーブンスを引用した言葉。

ひとの発達は、学校を出るころに終わっているわけではない。

『働くひとのためのキャリア・デザイン』でぼくが書いたセリフです。人は、仕事を通じて発達を続けるものなのです。

「途中まで進んだこと」をどう考えるか。

『孫正義語録』（ぴあ）に書かれた、「途中まで進んだ計画」がどこまでできて、なぜできなかったかを検討することが最も大切なのだ、という方針。

人生には二つの悲劇がある。ひとつは心から望むことに達せないことであり、今ひとつはそれを得てしまうことだ。

『働くみんなのモティベーション論』でぼくが引いた言葉です。ジョージ・バーナード・ショーを引用しました。

文章を書くのが好きということで始めた仕事なら、四の五の言わずに、「文章を書くのが好き」で終えるしかないだろうということです。

『ひとつ、村上さんでやってみるか』（村上春樹／朝日新聞社）に書かれた、文章執筆についての方針。

入社案内や会社案内に書かれているのはその会社のよいイメージが中心になる。

『働くひとのためのキャリア・デザイン』でぼくが書いたセリフです。ここでつまずく人も多いので、指摘しておきました。

人生の真ん中のポイントを過ぎかけたあたりで、人間のやがて死すべき運命への自覚が高まる。

『働くみんなのモティベーション論』でぼくが書いた言葉です。周りも巻き込んで、ひとりではできないぐらい大きなことを成し遂げ、つぎの世代に意味のあるものを社会のなかにのこすことに目覚めるのです。

学生から社会人になる節目は、退職に匹敵するぐらい大きな節目中の節目。

『働くひとのためのキャリア・デザイン』でぼくが書いたセリフです。新卒一括採用が崩れつつあるのだから、余計に大切な節目なのです。

「どうしてこうしたのか」を、シェフが情熱を持って語れるかどうかで、皿って決まってくる。

『フランス料理にもの申す』(田代和久、北島素幸、谷昇/柴田書店)に書かれた、料理人の田代和久氏の方針。

最初の節目で生じることは、その後々も生じる課題をかなりの程度先取りしている。

『働くひとのためのキャリア・デザイン』でぼくが書いたセリフです。「大事なことなのに事前に知らされていないこと」などは就職や転職につきものです。

完全に理解してくれる人はいないのです。

『マンガ家入門』(石ノ森章太郎/秋田文庫)に書かれた執筆の方針。「わかってもらおうと、あなたはあなたのその世界をすこしずつ、すこしずつ変えていきます」とも。

どなたの持論を拝見しても思うが、持論の各項目、ひとつひとつのキーワードの背後にあるものが大切だ。

『働くみんなのモティベーション論』でぼくが書いた言葉です。持論のエッセンスを抽出した部分を項目だけで拝見すると、つまり背後の深い経験や洞察・内省について聞かずにながめると、ただのリストに見えてしまうのです。

外からの報酬のせいで、ひとによっては自由がなくなり他のひとのいうままになってしまう。

『働くみんなのモティベーション論』でアルフィー・コーンを参考にぼくが書いた言葉です。「これをすれば、あれをあげるよ」という行動は、すべて人間操縦という側面をもっています。

発言するというのは、コワイことです。でも、必要なことでもあります。

『未来をかえるイチロー262のNextメッセージ』（ぴあ）に書かれたメジャーリーガーのイチロー選手の方針。

この会社に入ったことは、いったい自分にとってどのような意味があったのか。

『働くひとのためのキャリア・デザイン』でぼくが書いたセリフです。「消去法でここになりました」という人ほど、考え直してみることをおすすめします。

「自分ならなんと言うか」と自問しよう。

『リーダーシップ入門』でぼくが書いた言葉です。しっくりくるかどうかは、方針を探すときには大切なことなのです。

競争がいい緊張感を生み出し、ゲーム的状況をいい意味で創り出し、やる気を高めることもあるだろう。

『働くみんなのモティベーション論』でぼくが書いた言葉です。その場合にも、まず大きな信頼があって、ちょっとやそっとのことで人間関係が壊れないという状態になっていなければ、やがていつまでも続く競争に疲弊するでしょう。

節目ではだれか大切なひとのお世話になったということが、強調される。

『働くひとのためのキャリア・デザイン』でぼくが書いたセリフです。これは日本ならではのキャリアの発想法について触れた部分です。

シェイクスピアは、物語のきっかけとなる行動に意味付けを与える動機を単純に切り落としている。

『シェイクスピアの驚異の成功物語』（スティーブン・グリーンブラット／河合祥一郎訳／白水社）で指摘されたシェイクスピアの戯曲の特色。だから人々の想像をかきたてるのだという。

自分で切り拓いているようでも、かなり大勢のひとのお世話になっているもの。

『働くひとのためのキャリア・デザイン』でぼくが書いたセリフです。節目をくぐるとはそういうものなのではないでしょうか。

出会いや、ネットワークを通じての情報や支援や応援がありがたい。

『働くひとのためのキャリア・デザイン』でぼくが書いたセリフです。ネットワークに左右されていることは、情けないことだけでもないのです。

才能は練習の概念を骨抜きにする。

『小説作法』（スティーブン・キング／池央耿訳／アーティストハウス）に書かれた執筆の熱意について。「何事であれ、自分に才能があるとなれば、人は指先に血が滲み、目の球が抜け落ちそうになるまでそのことにのめり込むはずである」とも。

はっきりと自分ひとりで決めたと断言できるケースが意外と少ない。

『働くひとのためのキャリア・デザイン』でぼくが書いたセリフです。ひとは多くの人びととのネットワークのなかで生きているからです。

大切なのは、報酬をあげないこと、罰をもたらすこと以上に、つぎはどうやったらよくなるかを前向きに議論することのはずだ。

『働くみんなのモティベーション論』でぼくが書いた言葉です。

演技は努力しなくていい、性格を努力しろ。

『ユーモアで行こう!』(萩本欽一／KKロングセラーズ)に書かれた方針。「『アイツはいいヤツだから使おう』っていう、この言葉が多いんですもん」とも。

自立、自律をめざして起業するやいなや、他の人びとと相互依存しながら生きていると気づくことになる。

『働くひとのためのキャリア・デザイン』でぼくが書いたセリフです。キャリアは自分だけで切り拓けるものではないのです。

成果そのものだけでなく、成果に至る行動を問うときには、部下の行動だけでなく、自分の行動もどう変えるべきか問うような管理職でないと、話にならない。

『働くみんなのモティベーション論』でぼくが書いた言葉です。

書くというのは一見無害に見えて、その実自由を実践し、聖職者、俗人を問わず自由を抹殺しようとする人たちに対して戦いを挑むひとつの方法なのです。

『若い小説家に宛てた手紙』（マリオ・バルガス＝リョサ／木村榮一訳／新潮社）に書かれた「書くこと」についての捉え方。

会議はいやだというひとも多いが、成果に至るプロセスについてしっかり議論がされているなら、会議の場は成果主義のもとではより大事になる。

『働くみんなのモティベーション論』でぼくが書いた言葉です。

文章はうまいんだけど語るべきものを持ってない人ってのがいる。

『ガープの世界』（ジョン・アーヴィング／筒井正明訳／新潮文庫）内で語られたセリフ。「やる気」を文章にするときの参考になるかもしれません。

主観的な意味づけや統合がキャリアの理解により強く貢献する。

『働くひとのためのキャリア・デザイン』でぼくが書いたセリフです。客観的なキャリアだけでは自分らしく生きられているかどうかはわかりません。

報酬目当てに働くときは、報酬を得るのにちょうど必要なだけの仕事をやり、それ以上はやらない。

『働くみんなのモティベーション論』でぼくが書いた言葉です。米国の評論家、アルフィー・コーンの懸念したことです。

理論の言葉は、日常の言葉で言い直し、行動の見本を考えること。

『リーダーシップ入門』でぼくが書いた言葉です。具体的な行動で考えてほしいです。

人間に対する義務を見ないで、ただ勤務とそれが要求するもののみを見ている。

『復活』（トルストイ／木村浩訳／新潮文庫）内の登場人物のセリフ。仕事の「やる気」を考えさせられる言葉かもしれません。

ひとは測定される項目だけに目を向けるようになる。

『働くみんなのモティベーション論』より。測定できないものはコントロールできない、測定されることがなければ、大事なことでも軽視されるし、測定が可能なことでも、褒美の対象にならないことは、無視される……。経営学者エドワード・E・ローラー三世の警告したことです。

キャリアにアップもダウンもない。

『働くひとのためのキャリア・デザイン』でぼくが引いたセリフです。M・サビカス先生に筑波大学の渡辺三枝子先生が言われた言葉の引用です。

「昇進だけが道ではない」という書物さえあるぐらい。

『働くひとのためのキャリア・デザイン』でぼくが書いたセリフです。昇進をめざすキャリアという視点は狭すぎるのです。

過去を意味づけ、将来を構想することがなければ、自分のキャリアにデザインの要素がなくなってしまう。

『働くひとのためのキャリア・デザイン』でぼくが書いたセリフです。それでは、自己決定ではなく他律的にすべてのものごとが決まってしまうのです。

知る者は言わず、言う者は知らず。

『老子』（小川環樹訳／中公文庫）に記されたひとつの考え方。自分の方針をふりかえるときの参考になるかもしれません。

現実の世界は意のままにならないことが多過ぎる。

『安曇野の白い庭』（丸山健二／新潮文庫）に記されたひとつの考え方。「それはほとんどの場合生き物を相手にしているためだ」とも。

独創に対して報酬を出すことで、独創が生まれるわけではないことがわかった。

『働くみんなのモティベーション論』でぼくが書いた言葉です。ひとたび報酬を得るルートがわかったら、過去の成功と同じパターンを繰り返すことになりかねないのです。

ポール・ワツラウィックは、「自発的に動け」という矛盾をかつて指摘したことがある。

『働くみんなのモティベーション論』でぼくが書いた言葉です。「自発的に工夫してどんどん実験しなさい」と命令したら、これも同じ矛盾を生み出します。

会社を大きく左右するような方向づけは、少数の節目でしかなされていない。

『働くひとのためのキャリア・デザイン』でぼくが書いたセリフです。ビジネスの研究で示されたこの結果は、個人の仕事を考えるうえでも参考になります。

結論に達するまでの道のりが、おそろしく長い。

『細雪』（谷崎潤一郎／中公文庫）の解説で田辺聖子氏が「最短距離の対角線を突っぱしる男文化」ではない登場人物のまがりくねった女性心理を賞賛したときの言葉。

やる気の乏しいひとでも、やる気のあふれそうな状況でははじけるし、どんなやる気の高いひとでも、それを萎えさせる環境ではつまずく。

『働くみんなのモティベーション論』でぼくが書いた言葉です。

work hardというのがモティベーションの問題だとしたら、work smartというのが、キャリアの問題にほかならない。

『働くひとのためのキャリア・デザイン』でぼくが書いたセリフです。一生懸命さ、なのか、賢さなのか、そのつど、必要とされるものは違うのです。

競争のほうが、さしあたり、競争の目的より重要視されている。

『人間の土地』（サン＝テグジュペリ／堀口大學訳／新潮文庫）におけるひとつの言葉。競争は目的を度外視して進みがちであるということを示している。

達成を旗印とするひとが、いつまでも個人プレーに終始するのは、見ていてしのびない。

『働くみんなのモティベーション論』でぼくが書いた言葉です。

信用に影響を及ぼすことは、どんなに些細なおこないでも注意しなければならない。

『プロテスタンティズムの倫理と資本主義の精神』（マックス・ヴェーバー／大塚久雄訳／岩波文庫）より。「取引で時間を守り法に違わぬ」ことほど、青年の成功に役立つものはない、とも書かれています。

私の心を乱しつづける者は、今日というこの日であり、憂いは尽きることがない。

『李白詩選』（松浦友久編訳／岩波文庫）で訳された李白の詩の一句。同じ詩に「人生世に在《あ》りて意に称《かな》わず」ともある。千年以上も前から人は変わらないのかもしれません。

剣豪なら、「おぬし、できるなぁ」と言われて喜んでいる場合ではない。

『働くみんなのモティベーション論』でぼくが書いた言葉です。剣術がうまくできることが、自分が上手に充実して生きるうえでどうかかわるかが問題なのです。

キャリアにデザインという要素がないとしたら、問題だしもったいない。

『働くひとのためのキャリア・デザイン』でぼくが書いたセリフです。たった一回限りの人生ですから。

とにかく誰もやらなかったことをやるのはおもしろいな。

『太郎に訊け！』（岡本太郎／青林工藝舎）で岡本氏が語った言葉です。「グラスの底に、顔があったっていいじゃないか」というセリフはどうやって考えたか、と聞かれて。

一歩には、理由が必要だ。

『働くひとのためのキャリア・デザイン』でぼくが書いたセリフです。信念がなければ、まず、そもそも最初の一歩が踏み出せないのです。

どんな環境でも、人間が慣れることのできないものはない。

『アンナ・カレーニナ』（トルストイ／木村浩訳／新潮文庫）の中で語られる一つの認識。自分の方針を書くときの参考になるかもしれません。

パワフルだけど、自分の弱みもかくさず、ひととうちとけるミドルは好感をもたれやすい。

『働くみんなのモティベーション論』でぼくが書いた言葉です。

優れた文章というのは鋭い刃物と同じだ。それは世界の事象を有効に切り開くが、ときとして自らの肉をも激しく裂く。

『ロング・グッドバイ』（レイモンド・チャンドラー／村上春樹訳／早川書房）の訳者あとがきに書かれた、文章についての捉え方。

個人は、キャリアについては会社任せだった。

『働くひとのためのキャリア・デザイン』でぼくが書いたセリフです。かつて、日本の産業社会では、定年退職まで「ドリフト」でもよかったのです。今はちがいます。

品格の有無を決定するのは、みずからの職業的あり方を貫き、それに堪える能力。

『日の名残り』（カズオ・イシグロ／土屋政雄訳／早川書房）に書かれた、ひとつの仕事の方針。

人間の認知能力、また自然におこなわれる記憶力には限界がある。

『リーダーシップ入門』でぼくが書いた言葉です。原理・原則の数は、ある限度に収めたほうがいいのです。

自分のアイデアを無視されたことで、研究仲間を非難することに心を奪われた。

『二重らせん』（ジェームス・D・ワトソン／江上不二夫、中村桂子訳／講談社文庫）に記された、DNAの構造を解明した科学者のワトソンが研究で陥った失敗について。

強い信念が必要だ。でないと、ただ流されているだけになってしまう。

『働くひとのためのキャリア・デザイン』でぼくが書いたセリフです。ドリフトも大切だけれど、それだけでは、流されるままヘンなことになりかねません。

エピローグ　自分史を語ろう

「実体験」から、すべてがはじまる

「人の過去をほじくるだけじゃなくて、オマエ自身はどうなんだよ？」

というようなことを、ビジネス書を読んでいると、思うことはありませんか？

ぼくは、あります。

だから、ここでは、あえて、学術書ではなかなか触れることがない、ぼく自身の「やる気」の推移について、ほんとうにシンプルに、話をしてみますね。本書全体をおさらいできるよう、くりかえしをふくめて語ってみます。

まずは、ぼくの「やる気！　チャート」を示します（図8）。

小学校二年生のときに、先生から、

図8　著者の「やる気！　チャート」

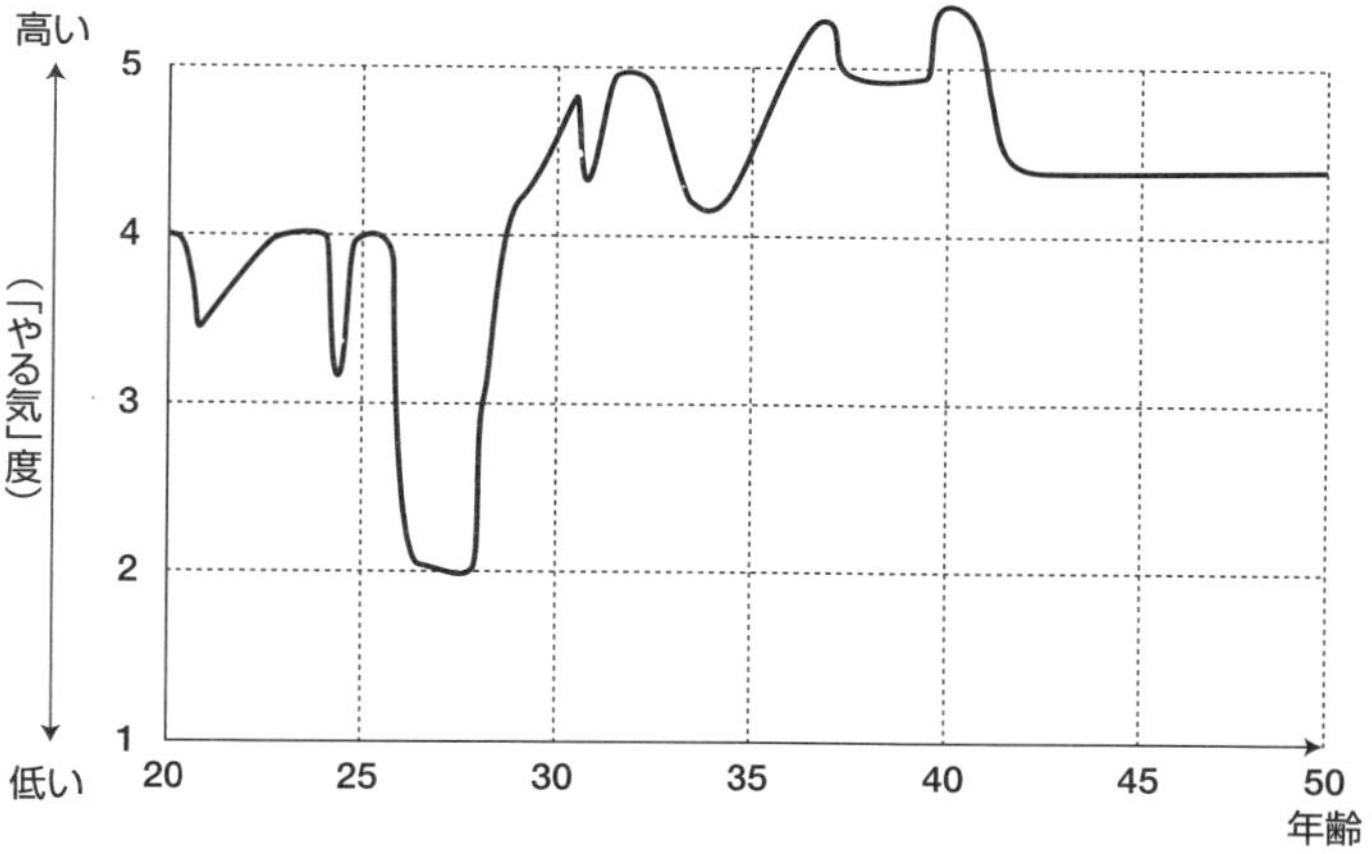

「おまえは、算数はすごくできるなぁ」

といわれたことがうれしいことでした。算数に夢中になったなぁ、といった、そういう「やる気」の原体験というものはみなさんにもあると思うんです。

たとえば、大学生にとって、切実な体験なんて、よほど、趣味や部活や課外活動を一生懸命にしてきた人以外には、「受験勉強」ぐらいしかないものですけれど、その、「受験勉強をした理由」をたずねたという研究（東京大学の市川伸一先生の研究です）によれば、やる気にまつわる「生の声」には、かなりのクオリティがあるわけです。

つまり、受験勉強というのは、期間こ

そ、数カ月や数年であれ、ほとんどの人が、わりと切実に語ることができるわけです。

それなら、会社にはいって数年間、数十年間が経ったという人が、その経験から「自分の方針」というものを語ることは、じつは、できて当然のことなのです。

十年以上もはたらいたら、それぞれ、

「目的が大切」

だとか、

「人に任せることが大切」

だとか、仕事の哲学のようなものを、おぼろげながら、持っているのではないでしょうか。

そういう、

「自分を動かすものはなにか」

について、あらためて、文章にするということの意味は、おおきいのです。

すでに自分のなかに持っているものに、かたちを与えることで、道具として利用もできるし、あらためて意識を高めることもできるわけですから。

だから、受験勉強や、資格試験の勉強をしている人の「やる気」にも、この、「自分の方針をかたちづくる」

というアプローチは、効いてくるのです。方針は、実践に役立つ指針となるセオリーのことで、「持論」とも呼んでいます。

「他人のセリフから学んだまま」のことを大切にしているだけでは、そのセリフは、まだ、よそよそしく響くものでしょう。

自分のハダに合うようなセリフで説明ができたときに、自分の仕事や勉強に生かすことができるのです。

そして、ここで、

「自分の方針というのは、なにも、一生懸命に、自分で机上でひねりださなくてもいいんやで」

ということも、ここで、お伝えしておきたいと思います。

周りの人に、なにかの感想を持つ……それこそが、自分の方針だったりもするのですから。

子どもがいるなら、子どもとの対話も、自分自身を反映する鏡になるんです。

「おい、おまえ、休まず勉強しろ」

と、オヤジは、自分が寝ころんでテレビを見ながら、言いますよね。

でも、そう言っている自分自身を、まず、ふりかえってみる。

あるいは、子どもに命令をする前に、子どもがどんなときにやる気になるかを、きいてみる。

そうすれば、オヤジのほうも、

「オレが実践していることは、なんだったんやろう？　子どもに言う前に、自分がやってきたことは……」

とふりかえることができますよね。

実践していることを、ふりかえるきっかけにもなるのが、「方針」について、文章のかたちにしてみることなのです。

「オレは、目立ちたい、そして、もてたいと思って勉強をしてきました。

はやいうちから、スポーツでトップはムリやと思いましたから、もう、勉強しかないなぁと……。

ただ、本が好きというところではアニキには勝てないし、どうやら、算数が得意みたいというよりも、手先が器用で、模型づくりとかが好きだったので、理数系にむいているというより、製作者気質から『エンジニアなるのかな』と思ったりしていました」

というのは、これは、小学生のぼくの「やる気」をかきたてたものなんですけれど、

こういう、

「ほとんど世俗的で、ちょっとギラギラしているような動機」

でさえも、それを、自覚しているのと自覚していないのとでは、チカラの発揮の規模が、ずいぶん、ちがってくるのです。

▼あなたは、ここで、このような「視点」を手にいれました

「結局、自分を根本で動かすのは、下世話《げせわ》であっても、すこし、クチに出すのははずかしいような欲望であっても、実際に、実体験上、自分を動かしてきたことです。それが、自分の方針の説得力を増し、自分をもっとも強く動かすものなのだということを理解して、自分の欲望をかたちにしてみてください」

自分は、どこで、「やる気」が出てくるタイプ?

さきほどいいましたように、**すごく世俗的な動機かもしれないのですが、やはり、**

ぼくの場合は、
「スポーツはたいしたことはない。自分は勉強でやっていくんだろうなぁ」
というのが、出発点でした。
いやらしいけれど、ほんとうですから、しかたがありません。

しかも、

「幼いころから歴史書が好きで詳しく、灘中学校に入学したアニキに、本を読むことでは勝てない」

「算数がわりと得意だから、算数ではほとんど負けたことがないから」

というように、

「一番になりたい」というよりも塾のはしり（関西では「べつべん」と言ってました）みたいなところで、藤戸先生といういい先生といい勉強仲間に出会ったということが、自分の「やる気」のよりどころだったのでした（**「関係力」ゲット**）。もう少し正直にふりかえると、学校で一番になりたいと思ったかもしれませんが、一番は中島君という人でした。

ただ、自分も勉強を一生懸命やって、全国でも難易度の高い灘中学校に入学してみ

たら、当然だけど、

「一番だったヤツ」

ばかりが集まっているところなのです。

そこで自分の入学時成績は、だいたい、まんなか……。今でも覚えていますが、八七番でした。一番からはほど遠い。

当然のことなのに、たいていの人は、ここで、けっこうがっくりくるわけです。ぼくもそうでした。

「やる気」も、入学後、低下していくというケースが、けっこう多いわけです。

ただ、こういう岐路をむかえて、どのように身をおくのかということなのです。

たとえば、灘中学校の入学試験のまっさいちゅうに、

「あーあ、簡単やったわぁ……もう、終わってもうた!」

と、大声を出していたイヤなヤツ(ほんとうはいい人でした)というのは、実際、入学してみたら、やっぱり成績は上から二番で、トップクラスだったりもするわけです(どこの世界にも、そういう人、いますよね……)。

灘中でベストテンにはいるような、そういう、デキのちがう人たちと、「一番」になることで競争をしてみたら、たぶん、こちらのカラダがどうにかなってしまいそう

やなぁとすぐにわかる……。

そこで、周囲をながめてみたら、だいたい、おんなじように、「やる気」がいったんなくなって、そのあと、だんだん、別の角度で、「やる気」をあげてくるというプロセスがあるようでした。

進学校ではありがちですけれど、自分もまさにそれでした。

ただ、いまの状況では同じ土俵で勉強ばかりしゃかりきになるのはかしこい楽しみ方ではないし、ムリだともわかったから、自分の性質や特性というものに向かいあうようになるわけです。

そこで、小学校時代に「アニキに勝てへんから」と敬遠していた読書をしはじめたら、ものすごくおもしろいなぁとハマりだしたり、周りも早熟だから小説から哲学、神秘主義のハナシでもりあがったりしているうちに、そろそろ、勉強のほうも、一番はムリでもどこまでいけるかは試したい気になり、

「オレも、ゆるんでいる場合とちゃうなぁ」

と、なんとかがんばってみたら、学年で九位にまでは行ったけど……さきほどもいったように、この上の八人の姿を見たらまぁ、「これ以上やったら、自分がコワれてまうわ」というレベルだし、

「競争で上位をねらって生きる」のは、充分、経験をしたから、そういうのはもうやめて中学生バンドをやったり、まぁ、好きなことをやろうや、と思っていたんです。十三歳から十九歳まで一途に大好きだった彼女も自分のいきいきの源《みなもと》でした（**「基礎力」ゲット**）。プラス、また上達したいという土俵は、数学はできる人ばかりなのでやめにして、中学からの新境地の英語にかえました。これは、今ふりかえっても大正解でした。英語がそこそこできると目立てます。

ただし、ギターや英語にかぎらず、好きなことは、なかなか、うまいこと、見つかることはありませんでした。ギターやドラムスも「目立とう精神」からでしたが、音楽はピュアに大好きでした。目立つため、もてるためでなく、音楽そのものの楽しみのためになりました。

▼あなたは、ここで、このような「視点」を手にいれました

「欲望は、現実のカベにぶつかって、修正を迫られることもあります。ぼくは、かつて、一番になりたい子どもでしたが、一番の人ばかりのなかで、自分の興

味関心がどの分野にあるのかどうか、はっきりさせなければいけないなぁと思ったのです」

「やる気」が、なかなか、あがらなかったとき

ぼくは、高校を卒業してから、一年経て、深く考えるところがあって（少なくとも自分としては深く考えた選択のつもりで）京都大学の教育学部にはいりました。

全国トップクラスの仲間と中学・高校とすごしていたので、生意気《なまいき》なままだったんです。

「学部の図書館の本、オレなら、ぜんぶ、読めてしまうだろうなぁ……」

などと、傲慢《ごうまん》にも、思っていました。アホやなぁ。

ただ、当時、臨床心理学者になりたかったのだけど、

「どうやら、聞き上手になるということは、おそろしくたいへんそうだ」

ということで、

「自分には、とても向いていそうもないから、もう、そろそろ就職をしなければなぁ」

と、考えていました。

「自分の長所は語学ぐらいだから、たぶんどこかの商社にでも就職するのだろうなぁ」

と思っていたのです。

ただ、夏休みに、出身地の神戸に戻って、神戸大学の医学部にいったともだちのクルマでドライブをして、医学部でなく、社会科学系のキャンパスのある六甲台というところつれていってもらったときに、

「キャンパスが、キレイくて、ええなぁ」

と、単純に思いました。

そこで、偶然に、経営学研究科の大学院の募集要項が貼《は》ってあるのを見かけました。そこの大学院に入っている中高からの友人（現・研究部長）もいました。ハッピーな偶然です。

当時、いろんな分野を乱読をしていたものだから（恩師となる占部《うらべ》都美先生の本も読んでいました）、

「経営学でも、意思決定やモチベーションやリーダーシップなどのアプローチには、オレが学部で学んでいる心理学を使えそうだ」

ということぐらいは、うすうす、わかっていました。

「生まれ故郷だし、キャンパスもキレイだから、ここに来てみようかなぁ」

と思って、修士にはいったわけです。わりといきあたりばったりですよね。

ただ、大学院で二年間勉強をしていると、なんだか、これが、どうも、たのしくないのです。

「あいたたた……もしかしたら、進路をまちがえちゃったかなぁ！」

と思いました。

ただ、これは、よくよく考えてみたら、大学院にはいった人なら、たいていみんなが感じることなんですよね。

大学院で研究をおこなうということは、将来の職業、つまり学者になる、それしかなくなるという発想とつながっているから、窮屈《きゅうくつ》なんですよね。

学部生のときとちがって、気軽に、

「先生、それ、ちがいますよ！」

とか、いえませんから。

先輩後輩のつながりも、きびしいし（今、思い出すと、よいきびしさですが）……つまり、これまで、どこにいっても好き勝手にできていたのが、けっこう、学者になれるかどうかの生殺与奪《せいさつよだつ》権を先生方ににぎられていると感じたりして、妙な雰囲気になりはじめますからね。

まぁ、それでも、ぼくは、先生との関係はよかったんです。

先輩との関係もよかったのです。

修士論文も、文献や資料を力づくで多数調べすぎていたし、考えることにほとんどの時間を費やしてしまっていたものだから、

「もしも、時間切れで、実際に書きあげることができなかったらどうしようかなぁ。たくさんの文献に視点をひろげていたから、これは、ちゃんとまとまるのかなぁ。読みすぎ、考えすぎで書く時間がないというならしゃれにならない」

とは心配に思いましたが、きちんと納得のいくものを書くことができました。

でも、まぁ、もう、就職をしようかと思いました。

そこで、就職活動をして、外資系コンサルティングの会社から内定もいただいたあとに、のちのちまでおつきあいのある先生が、ぼくの研究を認めてくださって、

「オマエは大学をやめるな！　オレの分野に来い……そうでなければ、オマエの師匠を説得してみるから、とにかく大きな土俵で研究を続けろ」

と、いってくださったのです。

ぼくの師匠の占部先生はとてつもなく有名な大先生でしたが、当時、後継者がいな

いところだったので、その先生のご推薦のおかげもあったかと思うのですが、ぼくは、まことにありがたいことに、二十五歳で、助手になることができました。実績はなにもなく、すごく緊張しました。まだ講師でいらっしゃった加護野《かごの》忠男先生から多大な励みをいただきました。今日にいたるまで。先輩たちにも恵まれていました（**「関係力」ゲット**）。みんな今では学界の中心人物です。

修士でやめて就職まで決めたのに、やっぱり大学にいるなどということになるとふつうは、イヤがられるんですけど……そこは、運がありました。努力もしたとは思いますが、それでも、この世界にむいていないと強く感じていました。

▼あなたは、ここで、このような「経験」を手にいれました

「じつは、ぼくは、こんなふうに『やる気』の本を書いてはいるのですけど、二十五歳ぐらいまで、なかなか、やる気はあがってこなかったのです。それはなんでだろうなぁ、と、暗かった時代をふりかえることが、このように、やる気という人間の不思議な動力について考察する動機になっていたりするのです」

「自分の成長」が、やる気を高めてくれたとき

修士課程、助手の三年間、どちらの時期も、なんだか、もんもんとしていたところがあります。

大学院という場で、神戸大学の経営学の大学院は相対的には明るい分野でしたが、それでも、ネアカでいつづけるというのはなかなか難しく、がんばっていたのですけど、なかなか、ハッピーではなかったです。

助手になっても、

「どうして、自分は、こういう職業を選択してしまったのだろうなぁ」

と、けっこう、グジグジ、悔やんだりもしていましたから。毎日、やめるしかないとなげいていました。

助手になったら、

「三年のあいだに、論文を三本書かなければ、クビがつながらない」

ということになっていました（**「緊張力」ゲット**）。

だから、けっこうきちんとしたものを、必死になって、ページ数だけで見るとたく

さん書いてはいたのですけれど……そこから、自分の「やる気」があがったのは、助手の次の講師になったときなのです。三年かろうじて生き延びたので、

「この世界でやっていけるんだ！」

と思えはじめたら、なんとなく、うれしくもなるし、「やる気」も出てくるというのが、ぼくの場合の、モチベーションとのつきあいかたなのですね。

これは、ぼくだけではないということが、のちのち、実際の産業社会の研究でわかるのですが、「やる気」は、キャリアの節目につながってアップ・ダウンするんだなぁ、ということを実感したのです。

講師になれば、「やる気」が、グンと高まったうえに、三十歳から三十三歳まで、ボストンのマサチューセッツ工科大学（ＭＩＴ）に留学させていただき博士課程に挑戦したという時期が、ぼくの場合、これはほとんどピークなんじゃないかというぐらいに「やる気」に満ちていた時期でした。

ＭＩＴの「勉強漬け」の生活で、どうしてそんなにイキイキしていたのかといえば……ワガママと思われるかもしれませんけれど、

「やっていることのすべてが、自分の成長のためのような気がしていたから」に尽きると思います（「目的力」ゲット）。

こういう利己主義のように思えるかもしれない自分の傾向も、素直に認めてあげてしまえば、

「なんで、自分のやる気が生じるのか」

「なんで、自分のやる気が出ないのか」

のメカニズムが、だんだん、わかるようになるものです。

このボストンの留学時代には、

「身近に接している人々は、すべて、世界レベルの人材ばかり」

というのも、ほんとうにうれしいことでした。

だから、なんとか、がんばろうとして成長することもできたわけです。

もちろん、そのときどきには、

「思ったほど、自分は英語ができないなぁ」

とか、落ちこむこともあるんだけれど、だんだん、なじんできたら、もう、最高に近い気分だったのです。

ただし、これもよくあることなんだけど、それだけピークの「やる気」があったものだから、日本に帰ってきてすぐというのは、「やる気」は、落ちました。

想像ができるかもしれませんが、留学中は、一〇〇％が自分の勉強のために時間を

使用できたんですが、日本の大学に戻ったら、

「水質管理保全委員会に出てくれよ」

「これを書類にして事務に届けておいてくれよ」

というような「こまごました仕事」が、研究や教育以外にもいくつもふりかかってくるからです。でも、もちろんそれは研究・教育以外であっても、とても大切な仕事の一部だと自覚していましたが、時間の使い方、きりかえがへたでした。また、クラスでの教育も暗中模索《あんちゅうもさく》という感じでした。

もちろん、これも、やっているうちに、だんだん、なれてきましたけれど。環境や境遇で「やる気」がわきあがるということは、なかなかバカにはできないものがあります。

二十代のころ、ぼくがツラかったのは、やはり、

「なんにも実績がなかった」

ということがありました。

教授になったのは三十九歳のときだったので、三十代の残りはたった二カ月だけでしたから、喜ぶのはミーハーかつ軽薄なようですけれど、三十代で国立大学の教授になれたのは、やはりうれしかったです。教授にしていただいたすぐあとに、

「半年だけ、ロンドンビジネススクール（LBS）にいけたということ」も、ほんとうにうれしい体験で、やっぱり、そのときも、「やる気」は、最高水準に高まりましたから。

ぼくは、基本的には、前向きなほうです。

学科主任をやってみたり、学会の会長をやってみたり、本をたくさん書いて、若いころより、ひろく読まれるように心がけてみたり、そのたびに、やはり、

「大きな絵を描いて、人を巻きこむ」

ということを学者として、学生・院生の指導教員として、また著述家として、おこなおうとしてきました。そこまでいかなくても、ささやかでもなんらかの絵を描いて、数名はしっかり巻き込み、その絵を実現するということを目指してきました。

研究室では、社会に出た人も、研究者になった人も、それぞれ育っていますし、後継者もいますし、基本的には、とてもハッピーに暮らしているのですけれど……。

それでも、よくよく思うことは、

「大学院や助手のときに、さえないながらも、たくさん読んで考えてタメていたものが、のちのち、自分の支えになっている」

という「経験則」なのです。

つまり、このような、自分なりの、

「こうするとこうなる」

の傾向を集めていたら、スランプだとか、なかなか仕事が進まないなぁとかいうときに、必要以上にあわてなくていいんだと自分にいいきかせることができる、

「できないことで、さらに落ちこんでしまう」

というループに入ることのないままで、自分用の必勝法を作って、

「これは、緊張と目的の連鎖のひとつのプロセスのなかにいるのだ」

と、自覚できるのです**（「言葉力」ゲット）**。

もしも、ぼくに、根深い不安があるとしたら、「学者ってほんとうに何も社会の役に立っていなかったら空《むな》しいなぁ」という気持ちです。

もちろん、教育はおおいにやりがいがありますが、研究で世界をほんとうに動かせるのか、いまだわかりません。ほかの生き方もありうるのかもなぁという不安（と、あわせて希望）も抱きます。それでもくじけるよりは前向きになろうと思っているのです。少なくとも前を向いて歩くポーズからでも動きを大切にします。

・著者　金井壽宏の「やる気！シート」

やる気！のひとこと　**いつも努力を心がける**

　大学で仕事の半分を教育、残りの半分を研究に過ごしている。分野が実践的な分野なので、産業界の方々との接触が、教育と研究の両面で存在する。華やかだけど地味な努力が必要。地味だけど、皆の前に立つ機会が楽しめることも大切。そのためには、進歩、成長がいくつになっても必要。自分のなかにどのようなことであっても、いいものを探し、それを伸ばし、自分が好きなことなら、うまくなくてもそのことを大切にし、自分を一日にたとえ一歩でも進歩させる機会をたぐり寄せる。落ち込むとき、うまくいかなかったときには、できることは全部やったうえでなら、しかたがないものはしかたがないという気持ちを許す。そのうえでがんばる。やる気には、どんなすごい人でもアップダウンがあるのだと思うと気が楽になる。自分のやっていることに意味があるのか戸惑うことがあるが、いろんな人に会えることで元気が戻る。言語化できたら、不安などはだいぶ収まる。

▼あなたは、ここで、このような「視点」を手にいれました

「ぼくの場合は一人前の学者になれるのか不安であがいていたときにタメていたものが、のちのちのやる気を支えてくれるということがよくありました。そのような、自分なりの経験の法則を集めておいたら、逆境のときにも、くじけないで、一歩ずつ進むことができるのではないでしょうか」

あとがき

ここまで読んでいただき、ありがとうございます。

もうおわかりだと思います。

本書の最初に、「1枚の絵」(「やる気！　ピクチャー」)を示しました。そして、その絵を理解し、自分のものにすることが、本書の目標だと書きました。

この目標は、「やる気！　チャート」を作り、本書でくりかえし述べてきたように、四〇〇字で自分のことを書くこと(「言葉力」を手にいれること)、つまり、「やる気！　シート」を完成させることによって、達成できたはずです。

「やる気！　ピクチャー」のなかにある「緊張力」「目的力」のサイクルは、「言葉力」によって回転します。そして、そのサイクルを支えるのが、「基礎力」です。「言葉力」によって動きだしたサイクルは、周りもエナジャイズしますし、周りのサイクルが自分のやる気のサイクルを回すこともあります。これがやる気のメカニズムなのです。

いま、おそらく、「やる気！　ピクチャー」の真ん中には、この本を読みおえようとしているみなさん自身がいるはずです。この本を開けたときには、漠然としていて意味をなしていなかった1枚の絵が、いまや、みなさん自身を主役としてリアルな動画として動き出しているのではないでしょうか。

「やる気！　ピクチャー」の中心は、みなさん自身なのです。


本書は、中堅やシニアのかたはもちろん、若いかたがたにも読んでいただきたいと思って作られたものです。ぼくは、五十代ですから、二十代前半の若手のビジネスパーソンのかたがたは、自分の子どもでもおかしくない年代にあたります。

その人たちの役に立つような、「やる気」の出てくる本を書こうと思ったときに、まず、パッと思いだしたのは、自分の息子の誕生日に、息子に送った手紙のことでした。親子ほど年齢のちがう読者なのかもしれないあなたに向けても、自分の息子を元気づけてあげたいと思う気持ちとおなじように、本書で、接していけたらいいなぁ、と思ったのです。

息子に手渡した手紙には、だいたい、次のようなことを書きました。ちょっと、パーソナルすぎるのかもしれませんが、ぼくの、読者のみなさんへの気持ちにも重なるところが多いものですから、この「あとがき」の場所に、掲載しておきます。

＊

お誕生日、おめでとう。

今日も、仕事で、遅くなりましたが、きみも、がんばり屋さんですね。今度の誕生日の食事のときは、「勉強のやりかた」や、「原理原則を大切にした生活」について、それから、「大切なひとと、自分を大切にすること」について、話しあわせてください。

お誕生日なのに、むつかしいことを言うようですが、そういうことについて話せるときがあるといいなぁ、と、とうさんは、きみが生まれたときから思ってきました。

お誕生日のたびに、きみが生まれたときのことを思いだします。

それが、とうさんが、これまで生きてきたなかで、もっとも感動した瞬間です。

ずっと、元気よく、自分らしく、打ちこむことのできるものを大切にしていってください。やる気を生かすために、とうさんも念頭においていきたいなぁと思っていることを、ここに、記しておきます。うるさがられるのかもしれないけれど。

・**やっていることの意味を考える**ことを忘れないように。意味を考えることは、時間を大切にすることにもつながります。

・やっていることの意味がわかったら、**努力すること、打ちこむ**こと、そのことをつうじて、**自分らしく生きる**ということを、思いきり、してみてください。うまく書けないのですが、たった一回の人生では、「自分のために生きること」が、とても大切だと思うのです。「自分を好きでいられる人」が、「周りを元気にする人」でもあるのです。

・人間は、ひとりで生きているわけではないので、**大切に思える人のことは、特に大切にしてあげてください**。お世話になっている人にも、感謝の気持ちを伝えてください。

・それから、**できることは、ぜんぶ、するのだけど、しゃーないことは、しゃーないという発想で、一方では気持ちをひきしめて、他方ではリラックスをする**ほうがいいと思います。とうさんも、すべての課題をクリアできるわけではないから、このことはよく考えるのですが、「しゃーない」と言う前に、やれることはぜんぶしたのかを思いだして、「ぜんぶした」と言えるときだけに「しゃーない」と言うことにしています。

＊

「やる気」について、一歩考えを進めて実践に生かしたいと思う読者の皆さんに送りたいメッセージと、自分の息子の誕生日のメッセージが似てしまうというのもちょっとヘンかもしれませんが、ぼくは、とくに若い読者の皆さんにとっては、皆さんのご両親が、「この子の人生が、うれしいことであふれますように」と思ったであろう時間のことを、親の世代ですから、ついつい、考えてしまうのです。

もしよかったら、本書を何回か読みなおして、使いつくしてみてくださいね。

二〇〇八年一月

金井壽宏

装丁　寄藤文平＋坂野達也
構成　　　　　木村俊介

金井壽宏（かない・としひろ）

1954年生まれ。1978年京都大学卒業。MIT（マサチューセッツ工科大学）でPh. D.（マネジメント）、神戸大学で博士（経営学）取得。現在、神戸大学大学院経営学研究科教授。変革型リーダーシップ、キャリア発達、および組織エスノグラフィーなど組織研究方法論が主たるテーマ。
著書に『変革型ミドルの探求』『企業者ネットワーキングの世界』（以上、白桃書房）、『経営組織』『リーダーシップ入門』（以上、日経文庫）、『働くひとのためのキャリア・デザイン』（PHP新書）、『仕事で「一皮むける」』（光文社新書）、『働くみんなのモティベーション論』（ＮＴＴ出版）など多数。

やる気！攻略本
自分と周りの「物語」を知り、モチベーションとうまくつきあう

二〇〇八年二月二十九日　初版第一刷発行
二〇〇八年三月二十九日　初版第三刷発行

著　者　金井壽宏
発行者　三島邦弘
発行所　株式会社ミシマ社
郵便番号一五二-〇〇三五
東京都目黒区自由が丘一-四-一〇
quaranta1966 #403
電話　〇三(三七二四)五六一六
ＦＡＸ　〇三(三七二四)五六一八
e-mail hatena@mishimasha.com
URL http://www.mishimasha.com/
振替　〇〇一六〇-一-三七二九七六

印刷・製本　（株）シナノ
組版　（有）エヴリ・シンク

ISBN978-4-903908-04-5 C0034

好評既刊

街場の中国論

内田 樹

反日デモも、文化大革命も、常識的に考えましょ。

予備知識なしで読み始めることができ、日中関係の見方がまるで変わる、なるほど！の10講義。

ISBN978-4-903908-00-7　1600円

仕事で遊ぶナンバ術　疲れをしらない働き方

矢野龍彦・長谷川智

古武術の知恵に宿る＜仕事の極意＞

「がんばらない」「数字に縛られない」「マニュアルに頼らない」・・・現代ビジネスパーソンの必読書。

ISBN978-4-903908-01-4　1500円

アマチュア論。

勢古浩爾

自称「オレってプロ」にロクな奴はいない！

似非プロはびこる風潮に物申す！「ふつうの人」がまともに生きるための方法を真摯に考察した一冊。

ISBN978-4-903908-02-1　1600円

病気にならないための時間医学

＜生体時計の神秘＞を科学する

大塚邦明

必携・平成の養生訓

メタボリックも癌も未病も、「時計遺伝子」のしわざ。不規則な生活を強いられる現代人に贈る、科学読み物。

ISBN978-4-903908-03-8　2200円

（価格税別）